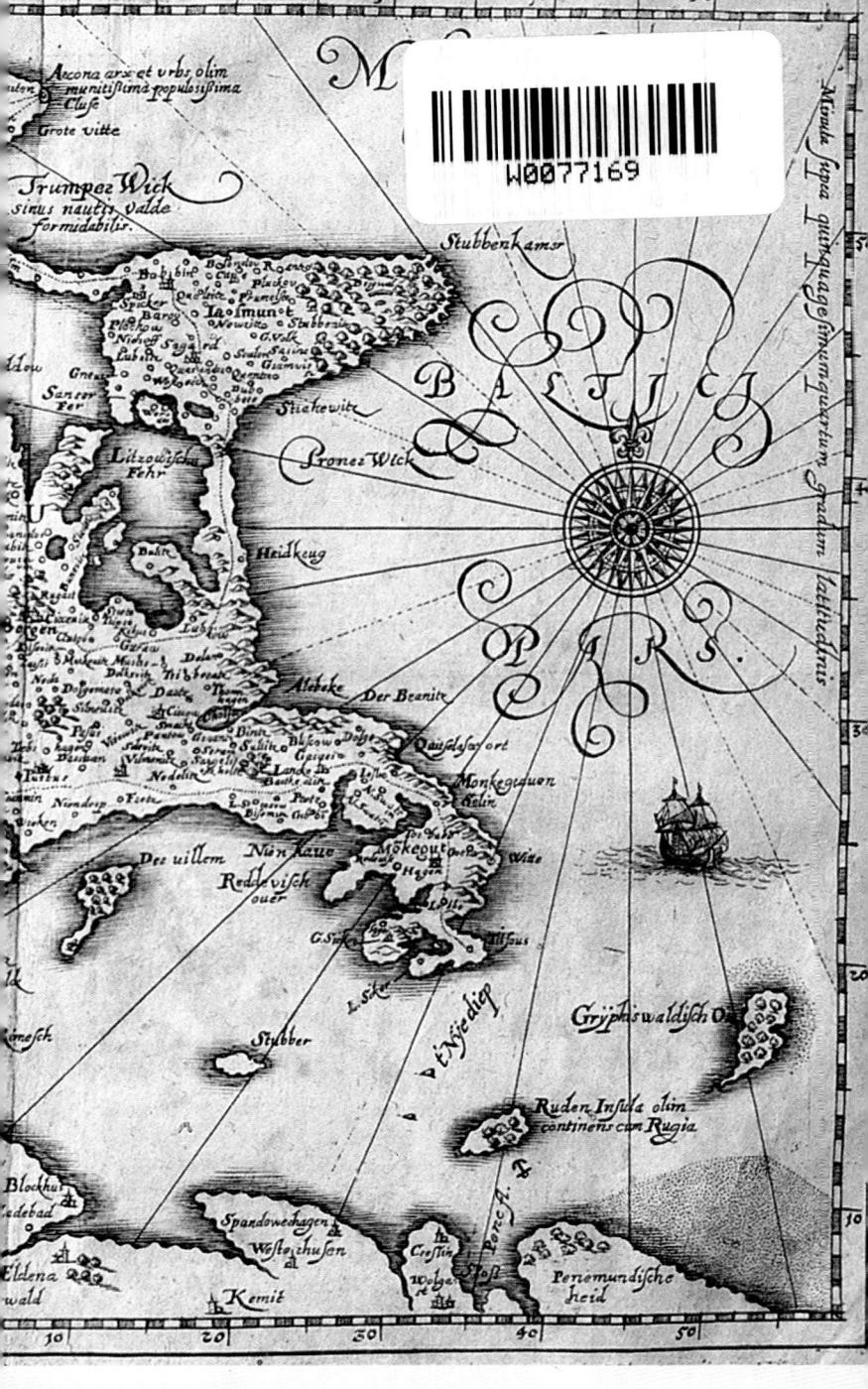

MARE

BALTIC

PARS.

Mirula supra quinquagesimum quartum gradum latitudinis

Arcona arx et vrbs, olim munitissima populosissima Cluse
Grote vitte

Trumpee Wick
sinus nauticis valde formidabilis.

Stubbenkamer

La Imunt

Stuckewitz
Pronez Wick

Heidkeug

Alebeke   Der Beanitz
Der Beanitz
Qausclasort
Monkegiquen

Nien Auto
Redduvisch ouer
Dee willem

Wite

Stubber   L't Nijediep

Gryphswaldisch Or.

Ruden Insula olim continens cum Rugia

Blockhus nedebad
Eldena wald

Spandowehagen
Westechusen
Kemit
Crostin
Wolgast   Penemundische heid

Rügen und Hiddensee

Streifzüge über die Inseln

Mit aktuellen Reiseinformationen

von
Jürgen Schulz

EDITION TEMMEN

Die Deutsche Bibliothek – CIP-Einheitsaufnahme
Schulz, Peter: Rügen und Hiddensee: Streifzüge über die Inseln ;
mit aktuellen Reiseinformationen / von Jürgen Schulz.–
Bremen : Ed. Temmen, 1998
ISBN 3-926958-88-X

3. aktualisierte Auflage 2002

Umschlagabbildung: Harry Hardenberg
Karten: Kartendienst Andreas Toscano del Banner, München

Bildnachweis

Reinhard Balzerek: S. 97
Harry Hardenberg: S. 124f., 146f., 163
Angelika Heim: S. 25, 60f., 69, 85, 90, 99, 102, 117, 119, 145
IFA Ferienpark: S. 173
Kai-Balduin Kertscher: S. 82, 89, 106f., 127, 134f., 150, 171
Detlef Klose: S. 11
Lutz Liffers: S. 165
Daniela Müller: S. 81
Sammlung G. Behm: S. 43, 55, 56, 58, 78, 123, 131
Sammlung A. Kobsch: S. 34, 114
Verlagsarchiv: S. 2f., 10, 17, 21, 24, 27, 29, 31, 36, 39,
44, 45, 48f., 53, 72, 93, 94, 113, 154, 160
Alle übrigen Abbildungen: Jürgen Schulz

© Edition Temmen

Hohenlohestr. 21
28209 Bremen
Tel. 0421/34843-0
Fax 0421/348094
e-mail: info@edition-temmen.de

Herstellung: Edition Temmen

ISBN 3-926958-88-X

Inhalt

Ein Wort vorweg

Rügen – größte und schönste Insel Deutschlands!

Diese Worte werden vielen Urlaubern im Ohr klingen, wenn sie sich über Stralsund, alte Hansestadt und Tor zu Rügen, das erste Mal der Insel nähern. Hält der Werbespruch, was er verspricht, oder soll er die Urlauber nur anlocken? Das Merkmal »größte« ist zweifellos richtig, denn immerhin ist Rügen mit allen Inseln 973 km² groß (ohne Inseln 926 km²) und hat eine Küstenlänge von ca. 570 km. Hier leben etwa 76.000 Einwohner, die sich übrigens nicht Rügener, sondern Rüganer nennen. Die Insel ist vom Festland Vorpommerns durch den Strelasund und den Greifswalder Bodden getrennt. Rügen bildet einen eigenen Landkreis mit der Kreisstadt Bergen und den Städten Sassnitz, Garz und Putbus.

Aber wie ist es mit der »schönsten Insel«? Nun, so ohne weiteres dürfte das nicht meßbar sein und könnte deshalb von einem begeisterten Sylt-Urlauber entschieden bestritten werden. Eins jedoch ist sicher: Rügen ist die landschaftlich vielseitigste Insel Deutschlands! Zwischen Gellort, dem Nordzipfel Rügens, und Palmer Ort, dem Südzipfel, findet der Besucher weichgeschwungene Hügelzüge und weite Ebenen, leuchtende Kreidefelsen und feinsandige Strände, schützende Bodden und Buchten, tiefgrüne Buchenwälder, geheimnisvolle Moore, Heide und fruchtbares Ackerland, kleine Dörfer und moderne Kur- und Badeorte.

An das Muttland, wie der Volksmund das Kernland nennt, schließen sich im Norden die Halbinsel Wittow, im Nordosten die Halbinsel Jasmund und im Südosten die Halbinsel Mönchgut an, hinzu kommen ca. 15 kleinere und mittlere Inseln, deren größte Hiddensee, »dat söte Länneken«, ist. Jede Halb- und jede Nachbarinsel hat ihren eigenen Charakter und ihre besonderen Reize. Jeder Gast findet hier *sein* Rügen, ganz gleich, ob er Erholung und Entspannung sucht, als Naturliebhaber den Wechsel verschiedenster Landschaften erleben möchte oder sich für die zahlreichen Zeugnisse der wechselvollen Inselgeschichte interessiert.

Bei aller Größe und landschaftlicher Vielfalt findet man keine Stelle auf Rügen, die mehr als sechs Kilometer vom Wasser entfernt ist, und das Meer mit den herrlichen Stränden ist es ja zumeist auch, das den Urlauber seit mehr als hundert Jahren auf diese Insel lockt. Vor allem aber gibt es hier Gastgeber, die sich auf Urlauber freuen und das ihnen Mögliche dazu beitragen möchten, daß sie einen erlebnisreichen und zugleich erholsamen Urlaub verleben.

Kleine Zeittafel

Rügen

10.000 v.Chr.	Ur-und frühgeschichtliche Funde belegen die Besiedlung Rügens und Hiddensees in der mittleren Steinzeit.
3000–1800	Die Bewohner Rügens werden seßhaft. Ackerbau und Viehzucht entwickeln sich. Großsteingräber entstehen.
1800–600	In der Bronzezeit entwickeln sich Handel und Gewerbe. Hügelgräber treten an die Stelle der Großsteingrabkultur.
600 v.Chr.	In der Eisenzeit besiedeln erstmals Germanen (Rugier) Rügen und Hiddensee.
3.–6. Jh.	Die Rugier verlassen in der Zeit der Völkerwanderung ihre Siedlungsgebiete und ziehen nach Süden. In das nur noch dünn besiedelte Gebiet wandern aus dem Südosten kommende slawische Stämme ein. Zahlreiche Burgen (Burgwälle) entstehen.
955	Zum ersten Mal werden die slawischen Ranen, von den Germanen als Wenden bezeichnet, als Verbündete des sächsischen Markgrafen Gero in der Schlacht an der Recknitz schriftlich erwähnt.
1168	Die Dänen erobern unter König Waldemar I. und Bischof Absalon von Roskilde die Tempelburg Arkona. Stammesfürst Jaromar I. wird dänischer Lehnsträger und unterwirft sich dem Christentum. Die Einwanderung deutscher Siedler, vor allem Bauern und Handwerker, beginnt.
1170–1180	In Bergen wird die Marienkirche, der älteste noch erhaltene Sakralbau auf Rügen, errichtet.
1193	Bischof Peter von Roskilde stiftet in Bergen ein Nonnenkloster.
1234	Wizlaw I. unterzeichnet auf der Burg in Garz die Gründungsurkunde der deutschen Stadt Stralsund.
1252	Fürst Jaromar II. schenkt das Land Reddevitz dem Kloster Eldena, das später auch den südlichen Teil der Halbinsel kauft. Das Gebiet führt seitdem den Namen Mönchgut.
1296	Auf Hiddensee wird ein Zisterzienserkloster gegründet.

1302–1325	In dieser Zeit regiert Fürst Wizlaw III. die Insel, der einzige bekannte Minnesänger im norddeutschen Raum. Nach seinem Tode fällt das Herzogtum Rügen an Pommern-Wolgast.
1534	Der Landtag zu Treptow führt für ganz Pommern die Reformation ein; die Klöster in Bergen und auf Hiddensee werden säkularisiert.
1613	Nach Garz erhält auch Bergen das Stadtrecht.
1627–30	Kaiserliche Truppen unter Wallenstein besetzen im Dreißigjährigen Krieg Rügen und belagern Stralsund, ohne es einnehmen zu können. Furchtbare Verwüstungen und Plünderungen auf der Insel sind die Folge.
Juni 1630	Schwedische Truppen landen mit Gustav Adolf II. am Nordperd, wo sie von Adligen der Insel empfangen werden.
1648	Durch den Westfälischen Frieden fällt Rügen zusammen mit Vorpommern an Schweden.
17. Jh.	Adlige Gutsbesitzer profitieren durch das sogenannte Bauernlegen von der Leibeigenschaft ehemals freier Bauern.
1715	Im Nordischen Krieg landen Preußen und Dänen an der Südküste Rügens und schlagen die schwedischen Truppen unter König Karl XII.
1721	Im Frieden zu Stockholm erhält Schweden Rügen und Vorpommern bis zur Peene.
1794	In Sagard wird eine »Brunnen-, Bade- und Vergnügungsanstalt« – der erste Badebetrieb auf Rügen – ins Leben gerufen.
1806	Die Leibeigenschaft wird auf Rügen abgeschafft.
1807–10	Französische Truppen besetzen Rügen.
1815	Auf Beschluß des Wiener Kongresses gehören Rügen und Vorpommern künftig zu Preußen.
1816	Bei Putbus wird durch Fürst Wilhelm Malte I. das Seebad Lauterbach gegründet.
1824	In Sassnitz nimmt das erste Seebad an der Ostseeküste Rügens den Urlauberbetrieb auf.

1878	Die Schiffslinie Sassnitz–Bornholm wird eröffnet. Der Stettiner Dampfer Titania befährt die Route Stettin–Sassnitz–Kopenhagen.
1883	Die Eisenbahnstrecke Stralsund–Bergen wird eröffnet. Damit beginnt die Erschließung der Insel durch die Eisenbahn. Es folgen die Strecken Bergen–Lauterbach und Bergen–Sassnitz.
1888	Die Aktiengesellschaft »Ostseebad Binz« wird gegründet.
1895	Als erste Kleinbahnstrecke wird die Verbindung Putbus–Binz geschaffen. 1896 führt die Strecke weiter bis Göhren.
1897	Die Postdampferlinie Sassnitz–Trelleborg nimmt ihren Betrieb auf.
1901	43.867 Badegäste werden auf Rügen gezählt.
1909	Auf der Königslinie Sassnitz–Trelleborg verkehren jetzt Eisenbahnfähren.
22.2.1931	In Binz kommt es zu großen »Saalschlachten« zwischen ortsansässigen Faschisten und Mitgliedern der SPD.
1936	Der Rügendamm wird eröffnet und damit auch die direkte Bahnverbindung nach Schweden.
1938	Der Bau des KdF-Bades Prora beginnt. Das Prestigevorhaben der Nationalsozialisten bleibt unvollendet.
10.11.1938	In Sassnitz findet wie in vielen Orten Deutschlands ein Judenpogrom statt.
1939	Der Badebetrieb wird fast völlig eingestellt. Verwundete erholen sich auf Rügen.
1942	Durch Eisgang werden auf Rügen alle Seebrücken zerstört.
1939–45	Im Zweiten Weltkrieg kommt der Tourismus fast völlig zum Erliegen. Im Rahmen der Kinderlandverschickung werden Kinder aus gefährdeten Großstädten in die Rügenbäder gebracht. Viele Flüchtlinge aus Ostpreußen, Hinterpommern und Schlesien kommen auf die Insel.
6.3.1945	Ein schwerer Bombenangriff trifft die Hafen- und Bahnanlagen von Sassnitz.
4.5.1945	Die Insel wird kampflos an die Rote Armee übergeben.
5.9.1945	In Mecklenburg-Vorpommern beginnt die Bodenreform.
ab 1947	Der Feriendienst des FDGB wird auch auf Rügen aufgebaut.
7.2.1949	In Sassnitz wird das Fischkombinat gegründet.
1952–55	Die Vergenossenschaftlichung der landwirtschaftlichen Produktion beginnt.
1953	Im Rahmen der »Aktion Rose« werden verbliebene Inhaber von Hotels und Pensionen wegen angeblicher Wirtschaftsverbrechen enteignet; ihre Hotels werden in Volkseigentum überführt.
1956	Die Nationale Volksarmee (NVA) wird gegründet und Prora notdürftig als Kasernenkomplex ausgebaut.

1959	In Ralswiek beginnen die ersten Rügenfestspiele mit ca. 2000 Mitwirkenden vor allabendlich ungefähr 10.000 Zuschauern. Sie sind verbunden mit dem Bau der größten Land- und See-bühne in Europa. Gespielt wurde in den Jahren 1959 bis 1961 und 1980/81.
1972	Binz wird Erholungszentrum des FDGB, große Ferienanlagen entstehen.
1978	689.785 Urlauber werden auf Rügen gezählt.
1989	Auch auf Rügen kommt es zu friedlichen Demonstrationen gegen die SED-Regierung, die Mehrzahl der Aktionen findet in Bergen statt.
1990	Bei den ersten freien Wahlen auf Rügen und Hiddensee liegt die CDU an erster Stelle. Mecklenburg-Vorpommern entsteht als neues Bundesland, zu dem auch Rügen gehört.
1991	Die letzten sowjetischen Kriegsschiffe verlassen den Sass-nitzer Marinehafen. In der Arbeitslosenstatistik Mecklenburg-Vorpommerns steht Rügen an dritter Stelle – Landwirtschaft, Fischerei und Tourismus erleiden einen »Privatisierungsschock«.
seit 1992	Vielfältige infrastrukturelle Investitionen (Ausbau eines Net-zes von Fahrrad- und Wanderwegen, Bau von Seebrücken und Erlebnisbädern, Einrichtung von Golfplätzen, Erweiterung von Sportboothäfen, Entwicklung des Urlauberschiffs-verkehrs usw.) dienen der weiteren Erschließung der Insel Rügen für einen saisonübergreifenden Tourismus. Sanierung der Bäderarchitektur vor allem in Binz, Sellin und Göhren. Ausbau des Ausflugsgebietes Kap Arkona als Flächen-denkmal. Ausbau und Sanierung der kulturellen Einrichtun-gen in der klassizistisch angelegten ehemaligen Fürsten-residenz Putbus: Theater, Marstall, Orangerie. Privatisierung und somit Erhaltung der Kleinbahnstrecke Putbus–Göhren.
1993	In Ralswiek findet die erste Vorstellung der wiederbeleb-ten Störtebeker-Festspiele statt, die seitdem wieder in je-dem Sommer von Zehntausenden besucht werden. Das erste Teilstück der »Deutschen Alleenstraße«, die von Sellin bis ins brandenburgische Rheinsberg reicht, wird auf Rügen eröffnet.
1995	Mecklenburg-Vorpommern feiert sein 1000jähriges Beste-hen.
1997	Der Fährhafen Sassnitz-Mukran wird als Tor zum Norden und Nordosten aufgebaut.
1998	Abschluß der Planungen zum Ausbau und zur Nutzung des ehemaligen KdF-Bades Prora; in Binz wird das erste Thermalbad auf Rügen eröffnet.

Blick in die Vergangenheit

Wie die Insel entstand

Ein Blick auf Rügen aus der Vogelperspektive läßt deutlich erkennen, daß die Insel kein geschlossener Komplex wie Bornholm oder Gotland ist, sondern ein Puzzle aus Land und Wasser, Nehrungen und Inseln, Buchten und Halbinseln. Die Ursache für dieses ungewöhnliche Aussehen liegt etwa 7000 Jahre zurück. In dieser Zeit war der bis zu 2 km mächtige Eispanzer der dritten, der Weichsel-Eiszeit bereits geschmolzen und ließ den Wasserspiegel im Bereich der heutigen Ostsee erheblich ansteigen. Die Folge war, daß die eiszeitlichen **Moränenrücken** als einzelne Inselkerne ins Meer ragten. Die Außenküsten solcher Inselkerne wie Wittow, Jasmund, Granitz, Mönchgut, Thiessow und Zicker waren der starken Erosion durch die Brandung ausgesetzt, und es bildeten sich Steilufer. Küstenströmungen transportierten das ins Meer gestürzte Material mit und lagerten es seitlich der Inselkerne ab. Sandhaken bildeten sich heraus – ein Vorgang, den man noch heute z.B. zwischen Rügen und Hiddensee beobachten kann. Die Sandhaken verbanden sich miteinander, und so entstanden Nehrungen, die größere Wasserflächen vom Meer abriegelten. Diese sogenannten **Bodden** erfuhren im Laufe der Zeit durch das Oberflächenwasser und den nur spärlichen Meerwassereinfluß eine Aussüßung.

Bereits vor dem letzten Eisvorstoß vor etwa 90.000 Jahren tauchte aus dem Untergrund der Bereich des heutigen **Jasmund** auf. Dieser Kreidekomplex, dem die sandigen, lehmigen und steinigen Hinterlassenschaften der zwei vorangegangenen Eiszeiten aufgelagert waren, entstand vor etwa 70 Millionen Jahren am Grund einer Meeresstraße zwischen zwei großen kreidezeitlichen Meeren. Die **Kreide** besteht aus den kalkigen Resten einzelliger Lebewesen, den Coccolithen, die auch die heutigen Meere bewohnen. Eingebettet in die Kreide finden sich neben vielen anderen kreidezeitlichen Lebewesen auch Muscheln, Seeigel, Belemnitenrostren (im Volksmund »Donnerkeile« genannt) sowie Kugelschwämme, die bei etwas Glück auch als Klappersteine zu finden sind. Aus der Kreidezeit stammen auch die unzähligen **Feuersteine** am Strand, die ehemals als Knollenfeuersteine durchgehende Bänder in der Kreide bildeten, bevor sie auf das Ufer fielen. Den wachsenden, über 300 m mächtigen Gletschern der Weichsel-Eiszeit war dieser inselartige Kreidekomplex auf ihrem Weg in Richtung Süden hinderlich. Er wurde daher vom Eis umflossen und »in die Zange genommen«. Der enorme Eisdruck führte schließlich dazu, daß der obere Teil der Kreideschichten und die darüber lagernden eiszeitlichen Ablagerungen »verschuppt« und schräggestellt wurden. Bei einer Strandwanderung kann man die zwischen den einzelnen Kreideschichten eingebetteten eiszeitlichen Lehme, Sande und Steinpackungen ebenso erkennen wie die nun schrägstehenden Feuersteinbänder. Während auf Jasmund und teilweise auf Wittow (Kap Arkona) kreidezeitliche Schichten mit eiszeitlichen Ablagerungen die Landschaft prägen, sind es im übrigen Teil der Insel Rügen vor allem eiszeitliche Grund- und Endmoränen. Zu diesen Geschieben zählen auch die großen **Findlingsblöcke**, einst Teile von Gebirgsmassiven Norwegens, Schwedens oder Bornholms, die heute noch überall auf Rügen zu finden sind. Besonders sehenswert sind der nur mit dem Boot erreichbare Buhskam in der Ostsee bei Göhren (600 m^3/1626 t), der Sieben-Schneider-Stein (61 m^3/165 t) bei Gellort (Arkona), der Schwanenstein bei Lohme (60 m^3/162 t), Klein Helgoland bei Sassnitz (41 m^3/111 t), der Opferstein bei Quoltitz in der Nähe von Sagard (27 m^3/63 t) und der Waschstein vor dem Königsstuhl (22 m^3/59 t).

Was sich die Rüganer über die Entstehung der Insel erzählen

As uns Herrgott de Welt schaffen ded un binah dormit farig wir, stunn he eenes Abends so kort vor Sünnenunnergang up Bornholm un keek von hier ut nah de pommersche Küst räwer. Bi em leeg de Muurerkell un de grote Moll, in de oewer man blot noch' n lütt bäten Ird öwrig wir, denn he harr all den ganzen Dag arbeit't.

As he nun so äwer dat Water weg keek, schient em de pommersche Küst doch gor to kahl to sin; em dücht, so 'n bäten müßt dor wohl noch an dahn warden. He nahm also dat letzte ut de Moll un klackt dat von Bornholm ut an de Küst ran, oewer dat kem nich ganz ranne. So ungefihr 'ne Miel vörto feel dat int Water, un so entstünn de Hauptdeel von Rügen. Uns Herrgott fohrt gliek noch ees mit de Kell an de Kanten entlang un makt se nah buten to hübsch glatt un rund, un so wür Rügen am Enn'n grad so 'ne Insel worden sin, as all de annern ok sünd.

Intwischen wir de Sünn äwer binah ganz unnergahn, un uns Herrgott wull Fierabend maken. Dorüm kratzt un schrapt he noch fixing alls tosamen, wat in de Moll anbackt wir, un wiel he keen bätere Verwendung dorför harr, klackt he dat ook noch an de Insel ran.

So entstünn Jasmund un Wittow. Dat seech zwoorst 'n bäten ruuch ut, äwer uns Herrgott dacht: »Nu is Fierabend, un nu lat 't man so wäsen, as 't is.« So is 't kamen, dat Rügen bet up'n hütigen Dag nah Nurden un Nurdosten to so bunt un terräten utsüht.

ৎ ৎ

Spuren früher Besiedlung

Es liegt schon eine Reihe von Jahren zurück, da machte ich wieder einmal einen Besuch bei »meinen« Hünengräbern von Lancken-Granitz. Vor mir ragten die knorrigen Eichen auf, unter denen das erste der Gräber im Grau der wuchtigen Findlingsblöcke lag. Von der Grabstelle her erklang fröhliches Lachen, begleitet von Recordermusik. Der sich mir dann bietende Anblick machte mich allerdings zornig. Da saßen einige Jugendliche in dem so einzigartig erhaltenen Grab, hatten ein Feuer angezündet und brieten dort Fleischstückchen.

Verärgert sprach ich sie an: »Wissen Sie eigentlich, wo Sie sich hier befinden?« Mienen und Antwort zeugten von heiterer Ahnungslosigkeit: »Na klar, das is so 'n olles Grab. Sicher ganz schön alt. Es war so gemütlich hier drin!«

»Ich glaube, es ist ein wenig mehr als nur 'n olles Grab. Sie haben Ihre Kleinküche ausgerechnet auf einem Friedhof in einem 4000 Jahre alten Großsteingrab aufgeschlagen. Sehr geschmackvoll erscheint mir das nicht gerade.«

»Ein Friedhof soll das sein, nach so vielen Jahren noch?« Ein Mädchen mischte sich ein: »Sie wissen hier wohl Bescheid, können Sie uns bitte etwas über die Gräber erzählen? Warum heißen die eigentlich Hünengräber?« Ich kam dieser Bitte nach, auch weil ich wollte, daß die Jugendlichen meinen Ärger verstehen.

»Vor etwa 4000 Jahren war das Land hier um Lancken-Granitz herum schon besiedelt. Es war die Jungsteinzeit, wie man sie heute nennt. Die Menschen, die sich hier niedergelassen hatten, waren Jäger, Fischer und auch erste seßhafte Bauern. Damals reichte das Wasser noch bis an die Hügel heran und war reich an Fischen. In der heutigen Granitz lockte ein großer Wildbestand den Jäger, und der Boden war fruchtbar genug, um ein wenig Nahrung hervorzubringen, die wohl in erster Linie aus einer Art Hirse bestand. Schwer war das Leben der Steinzeitmenschen. Ihre Werkzeuge fertigten sie aus Holz, Knochen, Geweihen und Feuersteinen, und nach dem, was wir in ihren Gräbern gefunden haben, waren das wahre Kunstwerke. Und hier, in solchen Grabstätten, fanden ihre Toten die letzte Ruhe.«

Die nächsten Fragen zeigten, daß ich das Interesse der Jugendlichen geweckt hatte. »Waren das Gräber für Fürsten oder Könige?«

»Nein, in dieser Gesellschaftsordnung gab es noch keine Herrscher bis auf den Sippenältesten und vielleicht einen kultisch-religiösen Anführer. Damals wurden die Mitglieder einer Familie beigesetzt wie heute bei einem Erbbegräbnis.«

»Und warum so gewaltige Steine? Wie hat man die überhaupt hierher gebracht?«

Riesen bauen ein Großsteingrab (nach Johan Picardt 1660)

»Ja, das ist schon eine erstaunliche Leistung. Auch in früheren Zeiten glaubten die Menschen, daß es ein Leben nach dem Tode gibt. Vielleicht fand der Geist eines Toten keine Ruhe, wenn man ihn nicht ehrenvoll bestattete. Vielleicht könnte er sich dafür an den Lebenden rächen. So hat man zu einer Zeit, in der das Rad hier im Norden noch nicht bekannt war, über große Entfernungen auf extra gerodeten Schneisen diese manchmal bis zu 300 Zentner schweren Findlingsblöcke mit untergeschobenen Holzrollen durch dichten Wald bis zu der heiligen Stätte geschafft und sie dort zu Totenhäusern aufgetürmt. Deshalb haben spätere Generationen geglaubt, hier müßten Riesen, also Hünen, gelebt haben, und Hünen seien auch in den Gräbern beerdigt worden. Ihre besten Waffen, Werkzeuge, Kleidungsstücke und auch Nahrung hat man damals den Toten mitgegeben, damit sie auf der langen Reise ins Jenseits keine Not leiden mußten.«

»Und die Frauen, was bekamen die mit? Waffen doch wohl kaum«, möchte meine Nachbarin wissen. »Die Frauen bekamen etwas zum Arbeiten mit«, antwortete ich. »Typisch! Die Gräber haben wohl Männer angelegt!« »Man gab den Frauen Spinnwirtel mit, das sind Steine mit einem Loch, mit denen der Faden beim Drehen durch die Schwungkraft gedrillt wird. Aber ich kann Sie trösten, die Frauen bekamen auch schön geschliffene Perlen aus Bernstein mit in die andere Welt. Einige davon wurden in diesem Grab gefunden. Aber heilig waren die Gräber den damaligen Menschen, und heilig sollten sie uns wohl auch heute noch ein wenig sein. Meinen Sie nicht auch?«

Dolmengrab bei Lauterbach

Das nachdenkliche Schweigen war wohl auch eine Antwort der vier »Sünder«, und ich spürte, wie sich mein Zorn langsam in ein ganz klein wenig Wohlwollen auflöste.

Ich erzählte weiter: »Wir haben heute trotz vieler Grabräuber der vergangenen Jahrhunderte noch ca. 55 Steinzeitgräber auf der Insel. Aus der nachfolgenden Bronzezeit sind es sogar noch etwa 500 erhaltene Grabstätten.«

Einer der jungen Männer wollte es genau wissen: »Was heißt ›erhaltene‹?«

»Das bedeutet, daß diese Gräber noch nie geöffnet worden sind, daß die Toten und ihre Grabbeigaben seit etwa 3500 Jahren noch heute ungestört darin liegen!«

»Was? Die sind noch ganz heil?« Ich mußte schmunzeln. »Wenn Sie es so nennen wollen – ja, sie sind noch ganz heil.« Das Mädchen blickte mich nachdenklich an: »Davon habe ich noch nie etwas gehört, ich glaube, wir müssen uns bei Ihnen entschuldigen!« Und damit bückte sie sich und sammelte ein paar Papierfetzen auf, die irgend jemand achtlos fortgeworfen hatte.

In dem Wissen, ein wenig Verständnis bei den Jugendlichen gefunden zu haben, machte ich mich auf den Heimweg und auch meine Zuhörer brachen langsam auf.

Noch heute gibt es viele Sagen über die Hünengräber auf Rügen. Fast immer erzählen sie von verborgenen Schätzen, Geistern und höllischen Wesen, die hier ihre Schätze bewachen. Sicher verdanken wir es auch diesem Volksglauben, daß viele Grabstätten bis heute erhalten geblieben sind.

Der Schatz im Kupferkessel

Im Mönchguter Wald zwischen Göhren und Alt Reddevitz soll es nicht recht geheuer sein. Viel Geld soll dort noch aus alten, unruhigen Zeiten vergraben liegen.

An einem Winterabend kam Jakob Kaus aus Alt Reddevitz spät von Göhren her durch den Busch. Da sah er vor sich dicht neben der Landstraße ein Licht auftauchen. Auf und ab hüpfte es, doch Jakob fürchtete sich nicht, denn er wußte Bescheid in solchen Dingen. »Hier hat also jemand Geld vergraben,« dachte er bei sich. »Was soll es da liegen? Du kannst es ja ganz gut gebrauchen!«

Schnell lief er nach Hause und kam bald wieder mit einem Spaten zu der Stelle zurück. Ohne viele Umstände fing er an zu graben, und es dauerte auch gar nicht lange, da gab es einen hellen Klang – ein großer Kupferkessel kam zum Vorschein, bis zum Rand mit harten Talern gefüllt. War das eine Freude! Jakob gingen die Augen über bei all dem Segen.

Als er nun so dastand, in den Anblick seines märchenhaften Schatzes versunken, hörte er etwas von der Landstraße herüberklingen. Da, jetzt war es schon deutlicher: »Klingeling, klingeling!« Jakob fuhr auf. »Potztausend!«, dachte er, »gerade jetzt kommt dort einer angefahren. Dem könnte es wohl einfallen, mit dir zu teilen. Na, soweit soll es nicht erst kommen!«

Mit schnellen Schritten lief er in den Wald und wollte sich so lange verstecken, bis der Schlitten vorüber war. Als er anhielt und lauschte, war das Klingeln nicht mehr zu hören. Sollte der Schlitten schon vorbeigefahren sein? Dann aber schnell wieder zurück zum Schatz! Ja – wo war denn der Kessel? – Jakob brauchte nicht lange zu suchen; der Kessel mit dem schönen Schatz war wieder versunken, so tief, daß er ihn nicht mehr erreichen konnte. Oben aus den Buchen aber erscholl ein höhnisches »Haha! Hoho!« – Der Teufel hatte seinen Schatz wieder einmal gerettet...

(Albert Burkhardt: Sagen und Märchen der Insel Rügen, 1994)

Germanen, Wenden und Deutsche

Großsteingräber wie die von Lancken-Granitz sind die einzigen Zeugen der Urgeschichte Rügens. Leider wissen wir nicht viel über die sogenannte **Megalithkultur**. Vermutlich waren es Angehörige einer osteuropäischen Kulturgruppe, die in den Ostseeraum einwanderten und sich zunächst auf der Insel ansiedelten. Sie ernährten sich von Fischfang, Jagd und Ackerbau. Die Besiedlung der Insel verdanken wir vielleicht auch dem Feuerstein, der – entstanden in der Kreide(zeit) – das beste Rohmaterial für Werkzeuge und Waffen darstellte. Er wurde bereits vor 4000 Jahren zum Festland hinüber verhandelt, und man vermutet, daß bei dem Dörfchen Lietzow dieses Gestein sogar bergbauähnlich abgebaut wurde, denn Fertigfabrikate, Abschläge und zerbrochene Stücke aus Feuerstein wurden hier zu Tausenden gefunden.

Aus der **Bronzezeit** (1800–700 v. Chr.) finden wir auf Rügen vorrangig **Hügelgräber**, die in so großer Zahl erhalten sind, daß man sie als Wahrzeichen der Insel bezeichnen kann. Im Unterschied zur Megalithkultur wurden die Toten jetzt in Einzelgräbern bestattet, wobei über dem Toten ein Hügel aus Sand, Rasen- oder Heideplaggen aufgeschüttet wurde. Der Hügelfuß wurde nicht selten durch einen Steinkranz eingefaßt. Gelegentlich enthält das Hügelgrab einen Baumsarg, seit der jüngeren Bronzezeit setzte sich jedoch ein anderer Begräbnisritus durch: Die Toten wurden nicht mehr körperbestattet, sondern verbrannt und in Urnen beigesetzt. Gut erhaltene Gräber aus dieser Zeit sind beispielsweise der Dobberworth bei Sagard, das Gräberfeld bei Woorke und der Speckbusch hinter der Göhrener Kirche.

Größere Rätsel geben uns einzelne Findlingsblöcke auf, von denen man vermutet, daß es sich um Opfersteine handelt. Auf diesem Gebiet ist jedoch noch viel Forschungsarbeit zu leisten, denn mancher vermeintliche Opferstein kam der auf Attraktionen spekulierenden Fremdenwerbung nur zu sehr entgegen.

Das erste Volk, das in der Geschichte Rügens eine Rolle gespielt hat, war die seit der Eisenzeit hier ansässige Gruppe der ostgermanischen Rugier. Archäologische Funde von Gegenständen römischer Herkunft belegen Kontakte wandernder Händler mit dem Römischen Reich in der Zeit um Christi Geburt. Während der Zeit der Völkerwanderung (3.–6. Jh.) zogen die germanischen Stämme jedoch aus dem Gebiet zwischen Elbe und Oder ab, und auch die Rugier verließen Rügen und Hiddensee in Richtung Süden. In die nun leeren Siedlungsräume drangen aus dem Südosten slawische Völker vor, von denen sich der Stamm der **Ranen** (Rani, Ruani oder Rugiani) auf Rügen niederließ.

Aufgrund ihrer jetzigen Heimstatt entwickelten sie sich zu kühnen Seefahrern, die in ihren Leistungen den Wikingern kaum nachstanden.

Entgegen dem sich zäh behauptenden Klischee waren die slawischen Völker alles andere als wild, grausam und wirtschaftlich unterentwickelt. Heute wissen wir, daß diese Völker weithin in hohem Ansehen standen. Zwar waren sie als Seeräuber und kriegerische Nachbarn gefürchtet, Zeitgenossen berichten jedoch auch viel Gutes über sie. So lobte man den familiären Zusammenhalt, die eheliche Treue und die Achtung der Jugend vor dem Alter. Händler priesen die Gastfreundschaft der Ranen, die diesen heilig war. Der Historiker und Politiker Ernst Moritz Arndt (1769–1860) sagte von ihnen: *»Sie waren nach allem, was wir von ihnen wissen, ein ebenso schönes, starkes, edles und tapferes Volk wie die Deutschen.«*

Von der Zeit der slawischen Besiedlung zeugen auf Rügen noch viele erhaltene Reste von Burgwällen. Diese Erdbefestigungen umgaben z.T. Verwaltungszentren (Garz, Bergen), Fluchtburgen (Granitzer Ort, Hengst, Gobbin, Thiessow) oder die Feudalsitze wendischer Adliger (Zudar, Ralow), schließlich auch religiöse Zentren auf Arkona, in Sagard oder in der Nähe des Königsstuhls.

Das Haupheiligtum der Ranen auf Arkona war ihrem obersten Gott **Swantevit** geweiht. Saxo Grammaticus, ein dänischer Chronist, beschrieb das Heiligtum wie folgt:

»Mitten in der Burg ist eine ebene Fläche, dort steht das Heiligtum, aus Holz in feiner Arbeit ausgeführt, mit einem hochheiligen Götterbilde und einem reichen Kulte. Außen herum war es geziert mit unbeholfenen Bildern verschiedener Art… Im Innersten stand das Götterbild, eine riesige Holzfigur, weit über Menschenmaß, mit vier Köpfen und vier Hälsen, die nach den vier Himmelsrichtungen sahen. Der Bart war rasiert, und das Haar so geschnitten, wie es die Rugianer für gewöhnlich tragen. In der Rechten hielt die Figur ein Trinkhorn, aus verschiedenen Metallen gebildet. Das hatte der Priester jedes Jahr zu füllen, und weissagte aus dem, was im Laufe des Jahres daraus verschwunden war, auf das kommende Jahr… Der Gott besitzt auch ein schönes weißes Pferd, das der

Darstellung einer Slawengottheit

Folgende Doppelseite: Hühnengrab bei Nobbin

21

Bischof Absalon

Priester zu pflegen hat. Auf dem zieht er oft nächtlicherweise gegen die Feinde seiner Religion zu Felde, und das Pferd steht dann am anderen Morgen schaumbedeckt im Stall...«

Auch andere Burgwälle auf der Insel beherbergten Abbilder slawischer Gottheiten. So wurden auf Jasmund Pizamar (Hüter des Friedens), in der Herthaburg Tjarnaglofi (der Schwarzköpfige) und in Garz die drei Götter Rugievit, Porevit und Porenut verehrt.

Das größte Handelszentrum Rügens zur Slawenzeit war Ralswiek am Jasmunder Bodden. Dort wurden 1967/68 drei Wracks von Großschiffen im Moor gefunden, ein viertes entdeckte man wenige Jahre später. Außerdem fand man einen Schatz aus Silbermünzen, der auf Handelsbeziehungen mit dem arabischen und persischen Raum hinweist.

Eine Inselbevölkerung, die strategisch so günstig an der Ost-West-Handelsstraße lebte, mußte zur Piraterie neigen. So galten die Ranen auch als gefürchtete Seeräuber, die die Handelsschiffahrt in der Ostsee empfindlich störten. Von Arkona aus überwachten sie den Seeweg, und von der reichen Beute mußte ein großer Teil an den Tempel abgeführt werden.

Deshalb kann es nicht verwundern, daß es immer wieder zu kriegerischen Auseinandersetzungen um die Herrschaft im Ostseeraum kam. Hauptfeinde waren natürlich die Dänen, Konkurrenten und Geschädigte zugleich. Im Bündnis mit anderen Nachbarn der Insel griffen sie wiederholt an, und vorübergehend gelang es ihnen auch, die Insel zu erobern.

Eine endgültige Entscheidung aber fiel erst im Jahre 1168, als die Dänen unter König Waldemar I. und Bischof Absalon von Roskilde nach mehreren ergebnislosen Kreuzzügen endlich doch das Heiligtum auf Arkona erstürmten, das Abbild des Gottes Swantevit verbrannten und die Ranen zum Christentum bekehrten. Helmold von Bosau (12. Jh.) berichtet:

»In jener Zeit sammelte König Waldemar von Dänemark ein großes Heer und viele Schiffe, um in das Land der Rugianer zu ziehen und es sich zu unterwerfen. Ihn unterstützten Kasimir und Bogeslaw, die Fürsten der Pommern, und der Obotritenfürst Pribislaw, weil der Herzog den Slawen befohlen hatte, dem Dänenkönig überall zu helfen, wo er etwa seine Macht heranführte, um fremde Völker zu unterjochen. Und das Werk gedieh in den Händen Waldemars, er nahm das Land der Rugianer gewaltsam ein,

Wehrkirche im alten Rugendal dem heutigen Garz

und sie gaben ihm, um sich loszukaufen, was der König verlangt hatte. Er ließ das uralte Götzenbild des Swantevit herbeibringen, das von allen Slawenvölkern verehrt wurde, befahl, ihm einen Strick um den Hals zu legen, es vor den Augen der Slawen mitten durch das Herz zu schleifen, es in Stücke zu hauen und ins Feuer zu werfen. Dann befahl er, sie sollten von ihrem Irrglauben lassen, in dem sie geboren waren, und den Dienst des wahren Gottes annehmen. Er stiftete Geld zum Bau von Kirchen, und es wurden zwölf im Land der Rugianer errichtet.«

So verloren die Rügenslawen ihre Unabhängigkeit, die Insel blieb zwar selbständiges Fürstentum, stand jetzt aber unter dänischer Lehnshoheit. Unter der klugen Regierung Jaromars I. (gest. 1218) ließen sich viele deutsche Siedler auf der Insel nieder. Zwar lebten sie mit den Wenden nicht im gleichen Dorf, unterhielten aber gute nachbarliche Beziehungen zu ihnen. Da die deutschen Siedler manches einführten, was im Slawenland unbekannt war, u.a. auch das Bauen mit Ziegelsteinen und eine verbesserte Bodenbestellung, blühte das ausgeblutete Land bis zu einem gewissen Grade auf. Städte entstanden, und im Zuge der **Christianisierung** wurden auch auf Rügen Kirchen erbaut und Klöster gegründet. So wanderten beispielsweise 1252 Zisterziensermönche des Klosters Eldena in das heutige Mönchgut ein. Zuvor hatten sie Reddevitz als Lehen erhalten. 1296 schenkte Wizlaw II. dem Zisterzienserkloster Neuenkamp die Insel Hiddensee, die Fischfangrechte zwischen Hiddensee und Rügen eingeschlossen. Bereits ein Jahr später hielten die Mönche in dem fast fertiggestellten Klosterbau Einzug.

Mehr und mehr wurde Rügen eine deutsche Insel. Dieser Prozeß beruhte vor allem auf der wirtschaftlichen Überlegenheit der deutschen Siedler, und damit blieben aus der Slawenzeit nichts weiter als Gräber, Burgwälle, Familien- und Ortsnamen. So tragen ehemals slawische Dörfer sehr häufig die Endsilben ›itz‹ (Sassnitz), ›ow‹ (Zirkow) oder ›in‹ (Rambin). Die da

Die vier Gesichter Rügens

Vier Gesichter hatte Swantevit, der oberste Gott der Slaven, dem auf Arkona ein großer Tempel geweiht war. Und vier »Gesichter« bestimmten damals wie heute auch den Charakter Rügens: die Landwirtschaft, die Fischerei, die Kreide und der Tourismus, die nachfolgend in ihrer geschichtlichen Entwicklung bis zur Gegenwart skizziert werden.

Ackerland und Rittergut

Die bedrückenden Verhältnisse auf dem Lande änderten sich im Laufe der Jahrhunderte nur wenig. Aus den leibeigenen Bauern wurden Knechte und Mägde, die ohne Hoffnung auf ein besseres Leben auf dem Gutshof fronten. Selbst im rückständigen Mecklenburg galt die Herrschaft des Junkertums auf Rügen als die grausamste, und es gab viele unter den Landarmen, die ein Leben lang nur zu Hofe gegangen waren, ohne ihren engen Lebensbezirk jemals verlassen zu haben.

Anfänglich gab es ihn auch auf Rügen, den freien Bauern, der seinen Boden nicht nur bewirtschaftete, sondern ihn in Kriegszeiten auch zu verteidigen bereit war. Bei den Wenden existierten dann bereits soziale Unterschiede zwischen Freien und Unfreien, über denen Fürsten und Priester standen. Auch die Annahme des Christentums brachte keine Freiheit für die kleinen Leute, denn statt der heidnischen Priester herrschte nun unumschränkt der Bischof von Roskilde.

Die seit dem 12./13. Jh. eingewanderten deutschen Siedler saßen zunächst frei auf dem Boden, der ihnen von den Fürsten, den Klöstern oder den Rittern in Erbpacht zugewiesen wurde. Ihre Abgaben entrichteten sie in Naturalien, und auch die niedere Gerichtsbarkeit gehörte zu ihren Rechten. Nach und nach änderten sich auf der Insel jedoch die Machtverhältnisse, und schließlich wurde der Grundeigentümer zur Obrigkeit. Insbesondere die auf Rügen und Hiddensee ansässigen **Adelsgeschlechter** gewannen die faktische Macht, da sie über große Ländereien verfügten. An ihrer Spitze stand das Geschlecht derer von Putbus.

Ausschnitt aus der Merian-Ansicht von Stralsund, 16. Jahrhundert

Aus der Grundherrschaft entstand die ritterliche Gutsherrschaft, die seit dem 16. Jahrhundert charakteristische Wirtschaftsform in den ostelbischen Territorien. Mit ihr wuchs der Druck auf den kleinen Bauern, der in eine noch größere persönliche Abhängigkeit geriet und Frondienste leisten mußte. In dieser Zeit erreichte das furchtbare **Bauernlegen** auf Rügen seine größten Ausmaße. Ganze Familien mußten ihre Höfe verlassen und blieben als leibeigene Tagelöhner oder Gesinde zumeist auf dem Gutshof. Der adlige Gutsherr aber vergrößerte durch das »Bauernlegen« seinen Besitz, dessen Bewirtschaftung die schollengebundenen Bauern mit ihrem Gerät und vor allem ihrer Arbeitskraft leisten mußten. Auf diese Weise verdrängten die Junker auch die Bauern von den Nahmärkten und schnitten die kleinen Landstädte vom Handel mit Agrarprodukten ab. Der Junker – Grundeigentümer, Gerichtsherr und Leibherr in einer Person – bediente die Märkte jetzt direkt von seinem Hof, und zwar zu den von ihm diktierten Preisen. Ein Rüganer, der diese Zustände aus eigenem Erleben kannte und scharf kritisierte, war der 1769 in Groß Schoritz geborene Dichter und Freiheitskämpfer **Ernst Moritz Arndt**, dessen Eltern selbst noch Leibeigene des Grafen von Putbus waren und sich nur durch besonders günstige Umstände loskaufen konnten. Der mutige Rüganer wußte um die unbeschränkte Macht, die sich ihm entgegenstellte: Auf Rügen waren von 21.254 Menschen, die auf dem Lande lebten, 15.028 leibeigen, und auf Wittow, wo die größten Güter lagen, waren es sogar 99% der Bevölkerung. Die Behandlung der Leibeigenen konnte je nach Gesinnung der Herrschaft sehr unterschiedlich sein. Aber in jedem Fall war der Bauer völlig rechtlos. Hierzu schreibt Arndt:

»Der Leibeigene muß schon die langen Mißhandlungen seines Herrn erdulden, wenn dieser ein Tyrann ist. Was hülfe ihm die Klage oder selbst der Beweis des Rechts vor dem Richter? Er hätte dadurch nur den ewigen Haß seines Herrn auf sich geladen.«

Die Strafen waren entsprechend hart und grausam, wie ein weiteres Zitat Arndts belegt: *»Es ist die Norm, daß Bauern nicht mit Geldstrafen belegt werden dürfen, sondern es meistens auf ihren Rücken losgeht.«*

Schandpfahl und Halseisen befanden sich auf jedem Gut, und in der von der schwedischen Regierung erlassenen Gesindeordnung war für entlaufene Leibeigene bestimmt, *»daß diese von den Kanzeln herab von 6 zu 6 Wochen öffentlich gewarnt und zur Rückkehr ermahnt werden sollten, dann aber ihren Namen und Geburtsort an den Schandpfahl oder Galgen schlagen zu lassen und sie dadurch unehrlich zu machen, ihnen auch künftig, wenn sie wieder ertappet werden, durch den Scharfrichter ein Brandmal auf die Backen brennen zu lassen«.*

Nur zwei Auswege gab es für den geschundenen Leibeigenen: Flucht oder Loskauf. Es heißt in einer Anweisung des Grafen von Putbus: *»Die ordentliche Loskaufsumme eines Kerl ist 100 Reichsthaler und einer Weibsperson 50 Reichsthaler.«* Eine unerschwingliche Summe.

Zwei Männer sind hier hervorzuheben, weil sie den Mut hatten, trotz der unbeschränkten Macht des Landadels bereits frühzeitig ihren eigenen Weg zu gehen. Im Jahre 1774 entließ der Präpositus Johann Gottlieb Picht in Gingst 37 Leibeigene in die Freiheit. Um ihnen Arbeit zu verschaffen, führte er sie in die Wollspinnerei und Weberei ein. Ihm folgte 1795 der General von Dycke auf seinem Gut Losentitz auf Zudar.

Ernst Moritz Arndts mutiger »Versuch einer Geschichte der Leibeigenschaft in Pommern und Rügen« (1803), in dem der Adel schwer angegriffen wurde, erregte großes Aufsehen. Die Junker schickten die Schrift an den Schwedenkönig Gustav IV. Adolf, in der Hoffnung, daß Arndt bestraft würde. Aber als der König das Buch gelesen hatte, sagte er: *»Wenn das so ist, dann hat der Mann recht«*; und weil sich die Leibeigenschaft immer hemmender auf die wirtschaftliche Entwicklung auswirkte, hob er sie 1806 in Schwedisch-Pommern auf. Außerdem wurde eine der schlimmsten Geißeln der Landbevölkerung, die Patrimonialgerichtsbarkeit der Gutsherren, beseitigt: Das Land wurde in Gerichtsbezirke aufgeteilt und nun hatte der Gutsbesitzer auch die Funktion des Richters über seine Untertanen verloren.

Das fürstliche Schloß zu Putbus

Der geeinte rügensche Adel aber fügte sich keineswegs kampflos der vom schwedischen König befohlenen Veränderung. Die Junker verstanden es sehr bald, diese Anordnungen zu verwässern. Davon zeugt besonders die im Jahre 1810 erlassene Durchführungsbestimmung zur **Aufhebung der Leibeigenschaft**. Aber auch die Unterdrückten begannen sich zu wehren, und bald fehlte es auf den Rittergütern überall an willigen Arbeitskräften. Letztendlich änderte sich jedoch nicht viel für den »kleinen Mann« auf der Insel. Als Rügen 1815 an Preußen fiel, befanden sich 77% des Bodens in den Händen der Junker, und das war auch noch 1895 so. Vielerorts waren die Katen zu Einliegerwohnungen für die Knechte umgewandelt worden, dagegen standen prachtvolle Gutshäuser und Schlösser im Zentrum der Siedlungen. Die Ertragssteigerungen, die mit der modernen Landwirtschaft auf den Gütern erreicht wurden, brachten den Tagelöhnern keine Erleichterung, keinen größeren Wohlstand. Die sozialen Gegensätze auf dem Lande verschärften sich statt dessen immer mehr.

Besonders bedrückten die Stralsunder die Bevölkerung Rügens, denn ein Fünftel der Güter auf Rügen gehörte der Hansestadt und ihren Bürgern. So waren die Stralsunder auf Rügen nicht nur unbeliebt, sondern häufig sogar verhaßt. Der Schriftsteller Wolfgang Rudolf erzählt in seinem Buch »Die Insel Rügen« (1954), dem ersten Rügenbuch nach dem Zweiten Weltkrieg, das lange Zeit Standardwerk war, darüber folgende Begebenheit:

»Der alte Boy, Pächter eines sundischen Gutes, saß sonntags im Gartencafé von Altefähr und erkannte am Nebentisch eine Anzahl Ratsherren, die sich gerade beim Bankerott eines anderen Stadtgutpächters nicht besonders ehrenvoll benommen hatten. Deshalb sagte der alte Boy so laut, daß es jedermann hören konnte, zu seinem Nachbarn: ›De Strolsunner Roatsherrn wiern all wiert, dat se uphängt wür'n!‹ Darauf kam einer der Stadtväter bei ihm längsseits: ›Mein Herr, es scheint Ihnen nicht bekannt zu sein, daß auch ich ein Ratsherr von Stralsund bin!‹ Boy sah ihn sich von oben bis unten an und erwiderte seelenruhig: ›Jo, Se müßten ook de ierst sün, de upphängt ward!‹
Damals verklagte man Boy, und er wurde vor Gericht zu 50 Talern Geldstrafe verurteilt. Wieder blieb er gelassen und fragte den Vorsitzenden, ob es ihm gestattet sei, den Betrag gleich an Ort und Stelle zu bezahlen. ›Gewiß!‹, nickte der Richter, erleichtert über diese seltene Einsicht und Verständigungsbereitschaft eines Rüganers. Boy zog seine bestickte Geldbörse und zählte langsam, Stück für Stück, einhundert Taler auf den Richtertisch. ›Halt! Nur fünfzig!‹, rief der Richter und wollte die Taler zurückschieben. ›Nee, nee!‹, sagte Boy. ›Dat stimmt! Ick möcht dat blos giern noch ees seggen: De Strolsunner Roatsherrn könn mi mal an'n Moors klarrn! Hier sün de hunnert Daler, Herr Richter!‹ Sprach's und schritt stolz aus dem Saal…«

Erst nach der Jahrhundertwende begann die **Politisierung der Landbevölkerung**. 1905 entstanden die ersten Ortsgruppen der Sozialdemokratischen Partei, was hier und da dazu führte, daß die Landarbeiter sich gegen besonders bedrückende Verhältnisse zur Wehr setzten.

Die Nazizeit brachte nur eine scheinbare Erleichterung. Hitler setzte zwar auf den künftigen Erbhofbauern, dessen Söhne eines Tages die weiten Felder Polens und der Ukraine bestellen sollten. Da waren rechtlose Knechte und Mägde unerwünscht, wenn sie nicht gerade aus Polen oder Rußland »importiert« wurden. Die folgende politische Entwicklung brachte für die Bauern jedoch neue Verluste, diesmal fast bis zur völligen Selbstvernichtung durch den Zweiten Weltkrieg und seine Folgen.

Danach schien es zunächst als endlich einsetzende Gerechtigkeit, daß die großen Güter am 5. September 1950 auf Rügen enteignet und aufgesiedelt wurden. Plötzlich stand der bisher geschundene Landarbeiter auf eigenem Boden, konnten die ungezählten Flüchtlingsfamilien, die irgendwo in Hinterpommern oder Ostpreußen bereits für den Krieg bezahlt hatten, wieder einen eigenen Hof bearbeiten. Glücklich waren die »neuen« Kleinbauern, das jahrhundertealte Unrecht schien unter der »Herrschaft der Arbeiter und Bauern« im Osten Deutschlands beseitigt zu sein.

Das Relief zeigt Johann Heinrich von Thünen inmitten seiner Gutsarbeiter und symbolisiert sein Engagement für die Verbesserung der sozialen Lage

Doch schon bald stand die **Kollektivierung der Landwirtschaft** unter der Aufsicht von Partei und Regierung auf der Tagesordnung. Die Bedingungen hierfür waren auf Rügen und Hiddensee besonders günstig. Zwar hatten die Neubauern Land bekommen, aber Maschinen und Vieh fehlten, das Vieh hatte der Krieg verschlungen, und die Maschinen waren für die Großraumwirtschaft der Rittergüter, nicht aber für die Kleinflächen der neuen Besitzer ausgelegt. So richtete die Regierung Maschinenausleihstationen (MAS) ein, bei denen der Neubauer für geringes Entgelt einen Traktor anfordern konnte. Aber auch für die Traktoren waren die Flächen zu klein, und so kam es, wie es gedacht war: Mehrere Bauern legten ihre Flächen freiwillig zusammen, und der Staat unterstützte diese Bestrebungen. So wurden die Voraussetzungen für genossenschaftliches Arbeiten geschaffen, ohne daß sich die Neubauern so richtig der Tatsache bewußt wurden, daß sie damit ihre gerade gewonnene Selbständigkeit wieder aufgaben. Natürlich war es auch günstiger, sich der Melkmaschine der MAS zu bedienen und deshalb seine Kuh im Gutsstall unterzubringen. Nach verhältnismäßig kurzer Zeit bekam man durch diese Maßnahmen die Neubauern weitgehend in die Genossenschaften.

Schwieriger wurde es mit den Großbauern, die die Voraussetzungen für ein selbständiges Wirtschaften besaßen und an genossenschaftlicher Arbeitsweise wenig Interesse zeigten. Aber was die junge DDR in Angriff nahm, tat sie gründlich. So wurden die Großbauern immer stärker wirtschaftlich unter Druck gesetzt, und wenn sie auch dann noch fest blieben, folgte der psychologische Druck, dem nur wenige widerstanden. Wer trotzdem nicht bereit war, in die LPG einzutreten, verließ schweren Herzens alles, was ihm Heimat war, packte seine letzte Habe zusammen und schlich sich wie

Folgende Doppelseite: Typische Rügenlandschaft zur Erntezeit

Die historische Ansichtskarte zeigte eine typische Bauernkate auf Rügen

ein Verbrecher über die Grenze nach Westen, um dort noch einmal ganz von vorn zu beginnen.

Unter der Leitung tüchtiger Landwirte gelang es einigen Genossenschaften sehr schnell, wirtschaftlich festen Boden unter die Füße zu bekommen, zumal der Staat mit Subventionen half. Schwache Genossenschaften allerdings hingen ständig am Tropf des Staates und wurden gestützt. Eines aber war seitens des Staates erreicht: Ein freies Bauerntum mit fester Bindung zum eigenen Boden konnte sich unter diesen Bedingungen nicht entwikkeln.

Nach der politischen Wende 1989 überprüften die Bauern auf Rügen sorgfältig ihre Position. Aus Beobachtungen in den westlichen Bundesländern hatten sie bald erkannt, daß nur die Großraumwirtschaft Rentabilität versprach. So blieben viele der ehemaligen Genossenschaften als GmbH zusammen und nahmen den Existenzkampf in der freien Marktwirtschaft auf, jetzt aber als wirklich freie Bauern.

Der Reichtum des Meeres

Eine richtige Fischerinsel ist Rügen nie gewesen. Aber in bestimmten Zentren, vor allem in Sassnitz und auf den Halbinseln Mönchgut, Wittow und Ummanz, hat der Fischfang immer eine große und sogar entscheidende Rolle gespielt. Ein Harpunenfund aus der älteren Steinzeit im Moor bei Venz belegt zudem, daß die Fischerei mindestens ebenso alt ist wie die Landwirtschaft. Sie allein konnte jedoch die Menschen häufig nicht ernähren, wie der Begriff **»Fischerbauer«** auf Mönchgut zeigt. Hier waren es zwei Berufe, die die Familie ernährten: Die Fischerei betrieb der Mann, während die Frau für den gesamten landwirtschaftlichen Bereich zuständig war.

Hauptreichtum der Inselgewässer ist auch heute noch der Hering, der zum Laichen die Küstengewässer aufsucht und dort in großen Mengen gefangen wird. Dieser Ostseehering war von jeher sehr beliebt, weil er kleiner und zarter im Fleisch ist als der Hering der Nordsee. Auch der Aufschwung der Hansestädte an der Ostsee beruhte zunächst in erster Linie auf dem Heringsfang, für den sie sich zeitweise sogar das Monopol erkämpfen konnten. Davon zeugen noch heute die **Vitten**, kleine Umschlagplätze, die früher nur während der Heringssaison bewohnt waren. Hier wurde der frisch gefangene Hering in Tonnen eingesalzen und anschließend verhandelt, denn der Salzhering galt neben dem Salzfleisch als wichtigste Nahrung im Winter. Alle großen Straßen Rügens zeugen vom Heringsfang, wurden sie doch vorrangig angelegt, um das benötigte Salz in die Vitten transportieren zu können.

Neben dem Hering tummeln sich zahlreiche andere Fischarten in der Ostsee vor Rügen, wie Dorsch, Scholle, Flunder, Aal, Aalmutter, Wittling, Sprotten, Plötz, Blei, Barsch, Zander und Hornfisch, so daß der Tisch der Insulaner und ihrer Gäste reich mit den Gaben des Meeres gedeckt ist.

Zwei Fangmethoden prägten früher das Gesicht der Fischerei in den Küstengewässern Rügens. Bereits um 1450 werden die sogenannten **Zeeskähne** erwähnt, ein Name, der diesen edlen Seglern nicht gerecht wird. Vor wenigen Jahrzehnten konnte man die breiten Boote mit den zwei Masten und den lohbraunen Segeln noch in unseren Gewässern beim Fischen bewundern. Sie sind gekennzeichnet durch das überlange Bugspriet (ein kräftiger Baum, der das Schiff nach vorn verlängert) und den gleichlangen Driftbaum über dem Achtersteven. An diesen beiden Auslegern über Bug und Heck war das Netz befestigt, das mit Hilfe der Bäume weit gespreizt wurde. Heute fahren sie nur noch als Sportboote und gelten unter Fachleuten als die schönsten und wohl auch romantischsten Segler unserer Küsten.

Ganz anders funktioniert die **Reusenfischerei**, eine hochentwickelte Fangmethode, die große Erträge bringt. Wahrscheinlich sind die Reusen am Anfang des vorigen Jahrhunderts aus Dänemark zu uns gekommen, und sie liefern noch heute mehr als die Hälfte aller Herings- und Aalfänge an unseren Küsten. Natürlich konnten Reusen mit einer Länge von 200 Metern und einer Höhe von 3 Metern nicht von einem Fischer allein aufgestellt werden. Deshalb schlossen sich die Fischer auf Rügen und Hiddensee bereits sehr früh zu **Kommünen** oder **Reusenkompanien** zusammen, die ihren festen Standplatz für die Reusen hatten und diesen auch behaupteten. Das gemeinschaftliche Arbeiten führte zu einem ausgeprägten sozialen Zusammenhalt in den Fischerdörfern unserer Küsten. Das kann man noch heute z.B. am Ortsbild von Neuendorf auf Hiddensee erkennen, wo alle Häuser uneingezäunt in einer langen Reihe stehen, so daß sie sich gegenseitig sowohl vor Nordost- als auch vor Weststürmen schützen können.

Dennoch gehörten die Fischer in früheren Zeiten zu den ärmeren Schichten der Inselbevölkerung. Das änderte sich eigentlich erst im DDR-Sozialismus, denn Fisch gehörte zu den wichtigen Exportartikeln. Das Land brauchte den **Export** besonders deshalb, weil es an der sogenannten »harten Währung« für den Import von Waren aus dem Westen und für die Wahrnehmung politischer Aufgaben im westlichen Ausland mangelte. Wer aber in diesem Land Exportwaren lieferte, wurde ungewöhnlich gut bezahlt. So wuchs der Wohlstand der Fischer auf Rügen manchmal weit über den anderer Berufsgruppen hinaus.

Auch in diesem Wirtschaftszweig wurde nach und nach die genossenschaftliche Arbeit eingeführt. 1954 entstanden in Glowe und Dranske die ersten **Fischereigenossenschaften**, deren Zahl sich bis 1985 auf insgesamt zwölf erhöhte. Hier war der Wechsel nicht so einschneidend wie in der Landwirtschaft, weil ein Teil der Küstenfischer ohnehin in »Kommünen« gearbeitet hatte. Vor allem aber war auf diese Weise die Abnahme des Fisches durch den Staat zu Festpreisen garantiert; man brauchte sich also um die Vermarktung in keiner Weise zu kümmern. Und genau deshalb waren die Fischer auf Rügen auch nicht auf den Konkurrenzkampf vorbereitet, dem sie sich beim Zusammenprall der Wirtschaftsformen Ost und West stellen mußten. Deshalb kann es nicht verwundern, daß die Fischerei auf der Insel nach der Wende schlagartig zusammenbrach und westdeutsche Firmen sofort die neu eroberten Märkte mit ihrer Ware überschwemmten, zumal man seitens der neuen Investoren vorsorglich für die weitgehende Schließung aller Verarbeitungsbetriebe auf der Insel gesorgt hatte. Gingen in den achtziger Jahren noch über 1700 Insulaner auf Fang, so sind es heute nur noch ungefähr 200.

Doch die einheimischen Fischer geben nicht auf. Zum Vorreiter wurde eine kleine Gruppe von Optimisten, die damit begonnen hat, die alte Qualität

Fischer beim Puken der Heringe aus den Fangnetzen

des Rügenfisches wieder auf den Markt zu bringen. Sie schlossen sich zur Kutter- und Küstenfisch Rügen GmbH zusammen und bieten täglich Frischfisch, auch über Fischauktionen, an. Im Jahr 2000 wurde ein neues Gebäude der Rügen Fisch GmbH & Co. erbaut. Im Hafen von Sassnitz Mukran entsteht gegenwärtig eine Fischverarbeitungsfabrik mit noch höherer Kapazität. Zur Zeit gilt auch in Hamburg und Bremen eine Fischbüchse mit der Aufschrift »RÜGENFISCH« als Geheimtip.

Natürlich gab es neben der Küstenfischerei auf Rügen auch **Hochseefischerei**. Das Fischkombinat in Sassnitz verfügte 1965 über eine Flotte von 15 Trawlern sowie zwei Fang- und Verarbeitungsschiffen und zahlreiche hochseetüchtige Fischkutter, die z.T. bis vor Afrika im Einsatz waren.. Noch 1983 zählte der VEB Fischfang 2400 Beschäftigte, von denen etwa die Hälfte auf See arbeitete. Mit der Wende kam das Aus für das Fischkombinat: Die meisten Schiffe der früheren Flotte wurden verhökert oder verschrottet. Dennoch hat die Stadt am Meer heute eine neue Perspektive: Zahllose Sportboote suchen den wunderschön gelegenen Hafen in jedem Sommer auf, und so wird aus dem alten Fischereihafen künftig wohl ein weitbekannter Touristenhafen werden.

Kreide – das weiße Gold der Insel

Nähert sich ein Schiff aus Schweden oder von Bornholm kommend der Insel Rügen, so drängen sich die Passagiere voller Vorfreude an der Reling zusammen: »Das also ist Rügen!« Die Kreide ist nun einmal das Markenzeichen der Insel und Rügen ohne die Kreideküste nicht vorstellbar. Von der Seeseite präsentiert sich die Insel in ihrem schönsten Licht: In der Sonne strahlen die weißen Bastionen über dem tiefblauen Wasser, gekrönt von dunkelgrünen Buchenwäldern.

Wenn man diesen Anblick träumend genießt, mag man im Augenblick sicher nicht gerade darüber aufgeklärt werden, daß diese Kreide chemisch bezeichnet nichts anderes als feinkörniges Kalziumkarbonat ist, also $CaCO_3$ – es klingt so trocken. Interessanter ist dann schon der Hinweis darauf, daß die Kreide aus den Schalenresten urzeitlicher Kleinstlebewesen entstanden ist, die vor 70 Millionen Jahren in dem großen Kreidemeer gelebt haben. Und verblüffend klingt die Behauptung, daß wir mit dieser Kreide täglich in Berührung kommen, vom Aufstehen bis zum Schlafengehen bei allen nur denkbaren Gelegenheiten.

Der Kreideabbau wird heute von modernen Maschinen bestimmt. Das noch produzierende Kreidewerk **Rügen GmbH** westlich von Sassnitz arbeitet inzwischen vollautomatisch. Aus der im Tagebau abgebauten Kreide entsteht durch Wässern, Reinigen, Sieben, erneutes Reinigen, Trocknen und Mahlen schließlich die bekannte **»Drei-Kronen-Kreide«**, deren Name darauf hinweist, daß Rügen einst unter schwedischer Herrschaft stand. Verschieden gekörnt, wird die Kreide in Papiersäcke gefüllt und in viele Länder Europas exportiert. Im täglichen Leben begegnet uns das weiße Gold Rügens in den vielfältigsten Formen. So dient es als Isolationsmaterial in der Elektroindu-strie und als Zusatz für PVC-Rohre, Kunstleder und Folien. Die Fliesenindustrie verwendet Kreide in riesigen Mengen. Fußbodenbeläge, Gummi, Farben, Lacke, Porzellan und Steingut wären ohne Kreide undenkbar, und in der medizinischen Betreuung von Patienten nutzen Ärzte mehr und mehr die wärmende und heilende Kraft von Kreidepackungen und -bädern. Neben der großen Halle türmen sich Berge von ausgesiebten Feuersteinen auf, in denen begeisterte Sammler kreideverkrustet nach Versteinerungen suchen.

Doch so modern wie heute ging es in früheren Zeiten in diesem Industriezweig nicht zu. Bereits vor über 100 Jahren wurde auf Rügen Kreide abgebaut und bis zu einem gewissen Grade auch verarbeitet. Bei Sassnitz und

Historische Aufnahme einer Kreideschlämmerei bei Sassnitz

in Poissow gab es kleinere Betriebe, und am Silvitzer Ort südlich von Binz heißt noch heute eine Stelle »Kalkofen«. Auch dieser Name weist auf Kreidegewinnung und Kalkbrennerei hin. In Lauterbach nahm etwa um 1830 die erste deutsche **Kreideschlämmerei** ihre Arbeit auf. Zum Schlämmen der Kreide benötigte man viel Energie. Man gewann sie vor allem aus den kleinen Bächen und aus der Windkraft. Manfred Kutscher, Mitarbeiter der Nationalparkverwaltung, erläuert wie die Kreide ursprünglich abgebaut wurde:

»Ein an einem Seil hängender Arbeiter hackte von der trichterförmigen Wand die Kreide ab. Diese fiel in eine bereitstehende Kipplore und wurde der Weiterverarbeitung zugeführt. Je Schicht wurden von jedem Arbeiter ca. 7–10 Kubikmeter Rohkreide abgebaut. Während des Schlämmprozesses wurden die in der Kreide enthaltenen Feuersteine unter Bewegung und Zufluß von Wasser in Bottichen zum Absetzen gebracht. Die aufgeschlämmte Kreide wurde über Rinnen in ein Absetzbecken geleitet. Durch ein geringes Gefälle der Absetzrinnen war die Fließgeschwindigkeit der Kreide so geregelt, daß sich Verunreinigungen wie z.B. Sand niederschlugen. Von zu Zeit mußte dieser sogenannte ‹Grand‹ ausgehoben werden. In den etwa 25 Kubikmeter fassenden Becken setzte sich die Kreide am Boden ab. Das Wasser wurde abgezogen. Dieser Füllvorgang wiederholte sich so oft, bis die zähe Kreideschicht nach etwa 3 bis 4 Wochen ca. einen Meter dick war. Der zähe Kreideschlamm wurde in Trockenschuppen auf mit Ziegelsteinen bedeckten Böden ausgebracht. Nach einem Antrocknen wurden die ›Kreidefladen‹ auf den oberen Böder der offenen Trockenschuppen durch Lufttrocknen auf einen Restwassergehalt von 3 bis 5% getrocknet. Der Ab-

39

transport der Fertigkreide erfolgte entweder mit einer Drahtseilbahn zu einer nahen Anlegestelle, wo sie in Leichter (Boote mit einem flachen Rumpf) verladen oder mit einer Industriebahn zum Martinshafen am Jasmunder Bodden transportiert wurde.«

All dem kann man im ehemaligen rügenschen Kreidewerk **Gummanz** bei Sagard auf die Spur kommen, wo im Rahmen eines Lehrpfades Besichtigungen für Touristen angeboten werden. Dort erfährt man viel Interessantes über alles, was mit der Kreide zu tun hat – von der schweren Arbeit der Kreidekumpel bis hin zu den technischen Verarbeitungsmöglichkeiten der Rohkreide.

Zu DDR-Zeiten wurden nach und nach die kleinen Kreidebetriebe stillgelegt. Arbeitskräftemangel und fehlende Rentabilität zwangen dazu. Heute stehen die stillgelegten Kreidebrüche nach dem Naturschutzgesetz unter Schutz und Veränderungssperre. Sie haben sich zwischenzeitlich zu reizvollen Biotopen entwickelt, die aber gleichwohl nicht für die Öffentlichkeit zugänglich sind. Das **Kreidewerk Rügen GmbH** wurde nach der Wende zunächst von der Treuhand verwaltet, später an einen Investor verkauft und modernisiert. Es gehört heute zu den zukunftsträchtigen Betrieben der Insel und exportiert bereits wieder in großen Mengen seine Produkte. Nach wie vor tragen auch sie den traditionellen Namen »Drei-Kronen-Kreide«.

Urlauber auf Rügen

Wenn sich im Frühjahr die ersten Urlauberströme aus vollbesetzten Zügen in die Badeorte ergossen, wenn vom Rügendamm her über den Verkehrsfunk die ersten Staus angekündigt wurden und sich die bunten Busse durch enge Straßen quälten, dann begann für Rügen eine neue Jahreszeit – die SAISON. Auftakt hierzu war die Vorsaison, jene Zeit, in der überall auf der Insel mit Hochdruck gearbeitet wurde und die Einheimischen am Rande des Nervenzusammenbruchs balancierten, weil man der festen Überzeugung war, niemals alles bis zum Anreisen der Urlauber schaffen zu können.

Aber das Stöhnen war genau in dem Augenblick vergessen, in dem man dem ersten, ein wenig müden Ankömmling die Hand drückte: »Herzlich willkommen! Wir wünschen Ihnen einen schönen, sonnigen Urlaub!« Der Satz war nicht nur Höflichkeitsfloskel, verziert durch ein Gastgeberlächeln. Er war auch geprägt von der Freude auf ein von jetzt an wieder bunteres Leben im Badeort und vom Stolz darüber, daß der Gast gerade dieses Quartier aus dem großen Angebot gewählt hatte.

Rechte Seite: Stillgelegte Kreidebrüche von Quoltitz bei Sagard

Erste Badegäste auf Rügen

So ist es heute, und so war es bereits vor etwa 250 Jahren, als die ersten »Sommerfrischler« auf Rügen wie Erscheinungen aus einer anderen Welt bestaunt wurden. Das geschah aber durchaus nicht in Binz, Göhren oder Sassnitz. Nein – es geschah in einem Ort weit ab von der lockenden See, in **Sagard**, gelegen an der Westküste der Halbinsel Jasmund. Dort nämlich gab es eisen- und kohlensäurehaltige Quellen, deren Heilkraft sich im Binnenland als Geheimtip herumgesprochen hatte, und so hielten sich bereits um 1750 etwa dreißig bis vierzig Gäste in dem abgeschiedenen Ort auf.

Da es aber keinerlei Kuranlagen gab und die Quartiere wahrscheinlich auch mehr als Notunterkünfte anzusehen waren, endete dieser erste Anlauf bereits fünfzehn Jahre später. Diese Entwicklung wiederum ließ den geschäftstüchtigen, in Sagard amtierenden Pastor Heinrich Christoph von Willich nicht ruhen. Er rief erneut einen Badebetrieb ins Leben, sorgte für Kur- und Gartenanlagen in der »Brunnenaue« hinter dem Pfarrhaus und ließ ein Badehaus errichten, in dem es außer dem Kursaal auch die Möglichkeit gab, Wannen- oder Brausebäder zu nehmen. Sogar Kurtaxe wurde dem anreisenden Urlauber berechnet, wohl in dem Wissen, daß ein »Umsonst« den Ort nur abwerten könne. Pastor von Willich war nicht nur ein weitblickender Kurunternehmer, er verstand es auch, so geschickt für Sagard zu werben, daß 1795 schon 400 Gäste den neuen Kurort besucht haben sollen. Allerdings erkannte der rührige Pfarrer sehr bald, daß der kleine Landort dem naturhungrigen Gast wohl kaum genügend zu bieten hatte, und so bezog er in seinen Kurbetrieb die nahe gelegenen Wälder der Stubnitz und die einmaligen Kreidefelsen ein, warb für sie gleich mit und ließ in den noch unerschlossenen Wäldern Wanderwege, ein Rasthaus und den Abstieg vom Königsstuhl zum Strand anlegen. Trotz aller Mühen war dem »Kurort Sagard« jedoch kein langes Leben beschieden, aber den Ruhm, erstes Bad auf Rügen gewesen zu sein, lassen sich die Sagarder auch heute nicht nehmen.

Auch der große Plan des Fürsten Wilhelm Malte I. von Putbus im Jahre 1816 ging nicht so in Erfüllung, wie der fortschrittliche Adlige es sich gedacht hatte. Der Fürstensitz **Putbus** hatte als kulturelles Zentrum der Insel stets den Hochadel angezogen – Schloß, Park, Theater und Circus zeugten vom Kunstverständnis des Fürsten und dem Repräsentationsbedürfnis seiner Zeit –, aber die ganz besondere Attraktion fehlte noch. Wer eine Insel besucht, will die See erleben. Also mußte ein Bad her – möglichst in der Nähe des Schlosses. Der Fürst ließ im nahe gelegenen Lauterbach das Friedrich-Wilhelm-Bad erbauen. Aus dem Grün der Goor, einem Waldgebiet am Rügenschen Bodden, erhob sich weiß leuchtend das Badehaus mit seinen achtzehn dorischen Säulen am Ufer des Greifswalder Boddens. Vorbild war für Fürst Malte das Ostseebad Heiligendamm bei Rostock.

Die historische Ansichtskarte zeigt den Kursaal in Putbus

Aber das Baden in Badewannen, auch wenn sie aus Marmor waren und mit warmem oder kaltem Seewasser gefüllt wurden, genügte den Ostseeträumen der anreisenden adligen Gäste wohl doch nicht. Nachdem Lauterbach einige Zeit als Badeort aufblühte. versank es bald wieder in Vergessenheit. Man fuhr doch lieber an den unberührten Strand des kleinen, zur Herrschaft Putbus gehörenden Fischerbauerndorfes Aalbeck-Binz. Der Fürst ließ in der Nähe des kleinen Baches Aalbeck Badehütten aufstellen, und so konnte man die Freuden des Seebadens genießen.

Wieder verging eine Epoche, da schoben sich zwei unbekannte benachbarte Küstenorte in den Blickpunkt der Öffentlichkeit. Es waren das Bauerndorf Crampas und das Fischerdorf **Sassnitz**. Dabei besaß Sassnitz die besseren Voraussetzungen, denn es lag unmittelbar dort, wo der Steinbach in die Ostsee mündete, in einer sogenannten Liete. Warum es gerade diese beiden Dörfer waren, die sich zu Urlauberorten entwickelten, scheint zunächst unverständlich, denn statt feinkörnigen Sandes lag hier schweres Geröll am Ufer, und als Ort bestand Sassnitz mehr aus armseligen Hütten als aus annehmbaren Urlaubsquartieren.

Aber hier spielte wohl etwas anderes eine entscheidende Rolle. Durch die Künstler der Romantik hatte man in ganz Deutschland von den märchenhaften weißen Bastionen an der Ostsee erfahren. Nicht der Strand, sondern die **Kreideküste** war es, die die Rügenbesucher anzog. Das Baden gehörte in dieser Zeit noch nicht zwangsläufig zum Ostseeurlaub, und so suchte man sich einen Ort für die Sommerfrische aus, der möglichst dicht an der Kreideküste lag. Crampas nutzte die günstigen Gegebenheiten von Sassnitz

43

mit, sehr zum Ärger der Sassnitzer, die schließlich für die Entwicklung der Kuranlagen, Straßen und Bademöglichkeiten die Kosten tragen mußten. Der erste Urlauber, der im Jahre 1824 Sassnitz aufsuchte, war der Berliner Theologe und Philosoph Friedrich Daniel Ernst Schleiermacher mit seiner Familie. Viele berühmte Persönlichkeiten folgten ihm. Aus ihnen ragen Schriftsteller wie Theodor Fontane, der Komponist Johannes Brahms und viele berühmte Maler, unter ihnen Caspar David Friedrich, der die Insel mehrfach besuchte, heraus.

Den Höhepunkt seiner Entwicklung aber erreichte Sassnitz, als ein Aufenthalt der kaiserlichen Familie dem Ort die endgültige Weihe erteilte. Der Badeort blühte auf und wurde zum führenden Seebad Rügens. Eines allerdings hatte sich geändert: War Putbus ein Domizil des Feudaladels gewesen, so war in Sassnitz in erster Linie das **Großbürgertum** vertreten. Großkaufleute und Industrielle, hohe Beamte und Bankiers gaben sich hier ein Stelldichein und reisten mit Jungfer und Kammerdiener an. Dementsprechend entwickelte sich auch auf der Promenade ein luxuriöses Kurleben. Man fuhr mit Pferd und Wagen in die Stubnitzwälder und traf sich abends in den Salons der Hotels. Bald wurde Sassnitz auch von internationalen Gästegruppen aufgesucht. In den Kurlisten las man dann mit Interesse und Stolz, daß auf der Promenade Feriengäste aus Polen, Österreich, Rußland, der Schweiz und sogar aus Amerika anzutreffen seien.

Doch mit dem freizügigeren Ferienleben, das sich in dem beliebten Modebad entwickelt hatte, rückte auch der Wunsch, in der Ostsee zu baden, mehr und mehr in den Vordergrund. Hier aber lag die Schwachstelle des bildhübschen Ortes am Steinbach. Einen Strand mußte man, wenn er nun einmal notwendig war, auf Pferdewagen aus der Schaabe bei Glowe heranfahren. Damit war das unbeschwerte Badeleben zwar möglich geworden, aber kaum warfen sich die Herbststürme mit schwerer See auf die Insel, da trieb das Meer den Sand weit fort – dorthin, wo das kleine Fischerdorf Binz auf seine große Stunde wartete. Und diese Stunde kam: Auf die Dauer wurde der Sandtransport zu teuer für die Sassnitzer, lockten die breiten, steinfreien Strände der Prorer Wiek mehr. Sassnitz-Crampas mußte den jungen Badeorten weichen, und eine neue Ära des Badebetriebs an der Ostküste Rügens nahm ihren vielversprechenden Anfang.

44

Als Sassnitz noch das erste Seebad Rügens war

Binz und sein weißer Strand

Daß Binz nicht früher den Konkurrenzkampf gegen Sassnitz hatte aufnehmen können, lag wohl in erster Linie daran, daß das Gebiet der Schmalen Heide dem Fürstenhause Putbus gehörte. Doch mit dem Aufblühen des Urlauberverkehrs auf der Insel wurde sehr bald auch dem Fürsten bewußt, welch ein zukunftsträchtiges Gebiet die herrlichen Strände zwischen der Granitz und Mukran darstellten. Machten zunächst Binz und Göhren von sich reden, so folgten bald Lohme, Breege, Sellin, Thiessow und Baabe. Mit Hilfe von Unternehmern aus ganz Deutschland schossen überall die Hotels und Pensionen aus dem Boden. Der Wettstreit um das große Geld begann besonders an Rügens Ostküste. In Binz gründeten 1888 die Bankiers Friedländer und die Gebrüder Sommerfeld die **»Aktiengesellschaft Ostseebad Binz«,** die ganze Straßenzüge und einen Teil der heutigen Strandpromenade erbauen ließ. Allerdings überschätzte man zunächst den Zustrom in die neuen Ferienorte, und so meldete die Gesellschaft nach einer regen Bautätigkeit Konkurs an. Das beachtliche Erbe trat der Fürst von Putbus an.

Aber den Aufschwung von Binz konnte auch dieses Ereignis nicht aufhalten. Sehr bald siedelte die großbürgerliche Gesellschaft aus Sassnitz in den emporstrebenden Ort am Südstrand der Prorer Wiek um und sah in Sassnitz nur noch den Durchgangsort zur Kreideküste. Innerhalb weniger Jahre entwickelte sich Binz zum führenden Badeort Rügens. Herren- und Damenbad entstanden, während mit dem später gebauten Familienbad bereits die Fesseln der strengen Moralbestimmungen weitgehend gelockert wurden. Die neuerbaute **Seebrücke** in Binz machte es seit 1902 möglich, ohne Ausbooten den Urlaubsort zu erreichen, und das Kurhaus wurde zum Mittelpunkt des gesellschaftlichen Lebens. Die kleinen Häuser an der staubigen Dorfstraße erhielten hölzerne Vorbauten im Stil von Veranden. Sie sollten als Speise- und Aufenthaltsraum für die Gäste dienen. Dem Zeitgeschmack entsprechend wurde das Holzwerk der Balkone durch Schnitzereien in Girlanden- und Blütenform verziert, und die Häuser erhielten klangvolle Namen wie »Seemannsruhe«, »Sanssouci« oder »Villa Heimchen«. In diesem eigenwilligen Baustil, den man später als **Bäderarchitektur** bezeichnete, wurden auch die Seebrücken und Badeanstalten errichtet. Damit verschwanden jedoch traditionelle Formen und Gewohnheiten. Das Vieh wurde nun weit vom Hause entfernt untergebracht, die Rohrdächer wichen den viel »vornehmeren« Pappdächern, und die Fischerei war zur Werbung für »echtes Ostsee-Erleben« geworden.

Auch die Erbauer der großen Hotels versprachen sich viel von dieser gut zu vermarktenden Ostseeromantik. Zwar wurden die Fischer als »Ausstellungsstücke« an den Rand der Badeorte gedrängt, aber der Anblick der schwarzgeteerten Boote und der Bartkrause des »Seebären« gehörten ebenso zum Urlaubsangebot wie die Türmchen und Zinnen der Ferienschlösser, die »Strandidyll«, »Seeadler« oder »Dünenhaus« hießen. Den musikalisch gebildeten Gast erwartete dafür das Haus »Lohengrin« oder »Rheingold«, und der kaisertreue Urlauber fand in der »Deutschen Flagge« oder im »Haus Hindenburg« eine ihm entsprechende Unterkunft.

An dieser Entwicklung änderte auch die Ära des **Dritten Reiches** nichts. Führende Nazigrößen mischten sich in das großbürgerliche Ferienleben auf den Promenaden und bezogen dabei auch das Gebiet nördlich von Binz, wo noch fast ungenutzte Strände auf ihre Erschließung warteten, in ihr politisches Konzept ein. Nach dem Verbot der Gewerkschaften in Hitlerdeutschland galt es nämlich, dem Ausland zu beweisen, daß die Etikettierung als ›sozialistisch‹ zurecht bestand. Die Deutsche Arbeitsfront wurde gegründet, zu der auch die Organisation »Kraft durch Freude« gehörte. Urlauberschiffe, besetzt mit deutschen Arbeitern, allerdings streng ausgewählt, kreuzten auf den Meeren und sollten von wirtschaftlicher Macht und Stärke des Dritten Reiches zeugen. Aber nicht genug damit. In der weitgeschwungenen Bucht nördlich von Binz wurde seit 1938 im typischen Gigantismus Hitlerdeutschlands ein gewaltiger Urlauberkomplex geplant, angelegt für ungefähr 20.000 Gäste. In **Prora** sollte das erste einer Reihe geplanter nationalsozialistischer Seebäder entstehen, mit Restaurants, Theatern, Kinos, Läden, Gemeinschaftsräumen, einem riesigen Festplatz und einer zentralen Festhalle.

Typische Bäderarchitektur in Binz

Das Erbe des Zweiten Weltkrieges stellte Politik und Verwaltung im Gebiet der Sowjetischen Besatzungszone natürlich vor völlig neue Aufgaben. Ein Hauptproblem waren die unzähligen Flüchtlinge aus Ostpreußen, Hinterpommern und Schlesien, die sich nach einem unvorstellbaren Leidenszug mit den wenigen Resten ihrer Habe nach Rügen gerettet hatten. Durch diese Flüchtlinge, zu DDR-Zeiten »Umsiedler« genannt, vergrößerte sich die Bevölkerungszahl in einigen Badeorten auf das Vierfache. Ehemalige Urlauberzimmer waren zu notdürftigen, oft unbeheizbaren Unterkünften

Ein kleines Stück Badegeschichte

Er ist uns heute unentbehrlich, der Strandkorb, der in bunten Farben unsere Küsten ziert. Strandkörbe sind kleine Fluchtburgen für die Sonnenanbeter vor den aggressiven Strahlen der Sonne, man kuschelt sich genußvoll in den Schatten, nutzt ihn kunstvoll verhängt mit Badetüchern als Miniatur-Umkleidekabine oder benötigt ihn als erhöhte Aussichtstribüne auf das, was mehr oder weniger verlockend durch den Sand promeniert.

In früheren Jahren baute man als zusätzlichen Hinweis auf Besitzansprüche noch eine Strandburg um die geflochtene Behausung, verzierte sie mit Schriftzügen aus Hölzchen und Muscheln, stellte einen Mast in die Mitte und überspannte das ganze mit fähnchengeschmückten Leinen. Heute hat der Küstenschutz berechtigte Einwände gegen Strandburgen, und zum Aufbau des Fähnchenmastes sind wir zu bequem.

Aber so selbstverständlich ist der Strandkorb an unseren Küsten durchaus nicht immer gewesen. Wir verdanken dieses »Möbel« dem Rheumatismus einer älteren Dame, die 1882 in Warnemünde Strandfreuden genießen wollte, ohne ihr Leiden durch den kühlen Seewind zu verschlimmern. Deshalb suchte sie den Korbmachermeister Wilhelm Bartelmann in Rostock auf und bat ihn um eine windgeschützte Sitzgelegenheit, die diesen Ansprüchen genüge. Der Mann mag über die ungewöhnliche Kundin den Kopf geschüttelt haben, aber er ließ sich etwas einfallen. Aus Weiden, Rohr und Markisenstoff bastelte der findige Knobler eine Art Einsitzer, der mehr einem Wäschekorb als einem Strandmöbel glich, ohne zu ahnen, daß ihn diese Kreation berühmt machen würde. Der Bartelmannkorb hatte später viele »Nachkommen«. So wurde er zunächst zum Zweisitzer, erhielt ein Tischchen und eine zusätzliche Markise, ließ sich als Liegesitz zurückklappen und soll sogar mit einem Drehgestell versehen worden sein, mit dem der wirbelnde Strandsand allerdings schnell fertig wurde.

Auch in anderer Hinsicht war der Strandkorb eine umwälzende Erfindung. Die Moralvorstellungen des 18. und 19. Jahrhunderts duldeten es durchaus nicht, den leichter bekleideten menschlichen Körper der Öffentlichkeit zu präsentieren. Für dieses Problem brauchte man Lösungen! Da wurden beispielsweise Schaluppen im Flachwasser verankert, die zur Seeseite hin das feuch-

48

te Vergnügen ermöglichten. Sogar Holzkästen wurden von den Schiffen ins Wasser gelassen, um als Freibadewannen zu dienen. Wurde die See allerdings plötzlich stürmischer, konnte man in einem solchen Gebilde auch in Seenot geraten. Da waren die hochrädrigen Badekarren doch schon ein bedeutender Fortschritt. Von kräftigen Pferden ins Wasser geschoben, dienten sie nicht nur als gesicherter Aufenthalt, sie waren auch Umkleidekabine und Startplatz in die wogende See. Aus diesen mobilen Gebilden dürfte sich etwa um 1825 das Badefloß entwickelt haben, dem wir dann endlich die ersten festen Badeanstalten verdankten, die allerdings

durch massive Bohlenwände oder größere räumliche Trennung Männlein und Weiblein streng voneinander schieden. Badeorte, die sich dann später neben dem Damen- und Herrenbad ein Familienbad leisteten, galten schon als ungewöhnlich freizügig, wenn nicht gar anrüchig.

Ein Zeitgenosse über das Baden anno 1823

»Wer sich des kalten Seebades bedienen will, benutzt einen der Badekarren, die in einer angemessenen Entfernung vom Lande in der See stehen, und wohin kleine Brücken führen. Auf einer Treppe steigt der Entkleidete ins Bad. Auch die züchtigste der Frauen darf sich nicht scheuen, sich eines solchen Karrens zu bedienen; denn außer, daß solcher an den Seiten verkleidet ist, auch die Eingangstür verschlossen werden kann, ist auch dafür gesorgt, daß durch einen seewärts niederzulassenden Vorhang die Badende sich den Blicken jedes Lauschers gänzlich entziehen kann. Übrigens sind die Badekarren so eingerichtet, daß dem freien Zuströmen des Wassers im Innern des Raumes durchaus keine Schranken gesetzt sind.«

Aus der Binzer Badeordnung von 1909

Besondere Bestimmungen für das Familienbad:

1. Das Baden ist nur in geschlossenen, aus undurchsichtigem Stoff hergestellten Badeanzügen gestattet, die vom Hals bis zum Knie reichen.

2. Einzelnen jungen Damen und Herren ist das Baden im Familienbade nicht gestattet.

3. Das Mitbringen von photographischen Apparaten und Ferngläsern ist verboten.

geworden und fehlten für einen sich wieder entwickelnden Ferienbetrieb. So standen viele Häuser an der Strandpromenade, dem Paradestück der Badeorte, nicht mehr zur Verfügung, und der Bau von neuen Wohnungen ging nur sehr schleppend voran.

Der planmäßige Umbau von Gesellschaft und Wirtschaft im Zeichen des **Sozialismus** bedeutete auch für den Tourismus auf Rügen einen einschneidenden Wandel. Waren die Gemeinden bisher in bezug auf den Fremdenverkehr und dessen Gestaltung weitgehend selbständig und nur den Gesetzen des Marktes unterworfen, so hatten sie nun die Vorschriften der Planungsbehörden zu befolgen. Die Ferienorte standen ab sofort in erster Linie den werktätigen Menschen des Landes zur Verfügung. Die großen Hotels wurden **Gewerkschaftsheime** und unterlagen damit den Bestimmungen des im großen Stil aufgezogenen Feriendienstes der Gewerkschaften. Der FDGB mietete die Hotels, Pensionen und Privatzimmer des Ortes weitgehend auf. Nur für das Reisebüro der DDR, vorgesehen für die Besserverdienenden, blieben einige Häuser übrig. Die Vermieter konnten in vielen Fällen sogar ganzjährig mit den Einkünften aus den Zimmern rechnen und waren damit abgesichert. Fand in der Hochsaison der übliche Sommergast Aufnahme, so waren es im Winter vorwiegend prophylaktische Kuren, besonders für Arbeiter aus Betrieben mit gesundheitsschädigender Arbeit, die die Gäste auf die Insel führten.

Um alle Probleme noch einfacher und billiger lösen zu können, beschloß die DDR-Regierung 1953 im Rahmen der »**Aktion Rose**«, größere Hotels und Pensionen grundsätzlich in Volkseigentum umzuwandeln. Um den Schein der Rechtmäßigkeit dabei zu wahren, wurden die Besitzer beschuldigt, ein »Wirtschaftsverbrechen« begangen zu haben. Deshalb wurden in allen Urlauberorten Rügens Sonderkommandos der Polizei eingesetzt, die übrigens nicht aus einheimischen Polizisten zusammengestellt worden waren und die unter der Leitung eines Staatsanwaltes von Haus zu Haus fuhren. Das geschah keineswegs überfallartig. Der Hotelbesitzer sollte wissen, daß die Aktion Schritt für Schritt auf ihn zurückte. Verlor er die Nerven und floh vorher in den Westen, so erübrigte sich die Enteignung. Jedes Haus wurde ohne Begründung vom Keller bis zum Boden durchsucht. Wohl jeder besaß etwas an Nahrungsmitteln oder anderen Dingen, für das er keinen Nachweis erbringen konnte. In solchen Fällen erfolgte dann die sofortige Verhaftung und der Abtransport ins Gefängnis. Manchmal genügte dafür schon ein mißliebiges Buch, das die Polizei in irgendeinem Regal des Hauses fand.

Langsam regulierten sich die Verhältnisse, ohne daß ein wirklicher Wirtschaftsaufschwung im SED-Staat erreicht wurde. Neben den Badeorten an der Ostsee und in anderen Feriengebieten des Landes boten sich recht günstige Möglichkeiten für DDR-Bürger, in den Ferien zu verreisen. Doch die Plätze in der Republik und im sozialistischen Ausland reichten für die Rei-

Sportveranstaltung am Strand von Binz

selust nicht aus. Dieses und viele andere Probleme führten zu einer wachsenden Unzufriedenheit der DDR-Bürger. Das spürte auch die Regierung. Als kleines Trostpflaster wurde z.B. Binz, das »Bad der Werktätigen«, großzügig ausgebaut. Neben Alt-Binz entstand ein neuer Ortsteil mit gewerkschaftseigenen Hotels, die für DDR-Verhältnisse ungewöhnlich luxuriös ausgestattet waren und weiteren Gästen einen angenehmen Rügenaufenthalt ermöglichten.

Doch die Unzufriedenheit der Menschen war insgesamt viel zu sehr gewachsen, als daß der Umbruch noch hätte aufgehalten werden können, und so begann für die Badeorte nach der Wende noch einmal ein neuer Anfang. Für die **Zukunft Rügens als Urlauberinsel** war es vor allem wichtig, die Weichen richtig zu stellen. Dazu gehörte beispielsweise, die einmalige naturbelassene Landschaft nicht anzutasten, keine klotzigen Hochhäuser zu bauen und die schöne alte Bäderarchitektur zu erhalten. Die vielen Investoren aus ganz Deutschland hatten sehr schnell begriffen, daß die Rüganer nicht mit sich handeln lassen. Gebaut wurde viel, aber wer sich genau umsieht, der wird bemerken, daß alles, was erhalten werden konnte, restauriert wurde. Ging es wirklich nicht mehr, so wurde das Haus nach alten Plänen originalgetreu wiederaufgebaut.

Vor allem Schwimmbäder und Kurmittelanlagen mußten, behutsam in die Altbaukomplexe eingepaßt, neu errichtet werden. Diese sind besonders wichtig für die Zeit vor und nach der Saison, denn **Thermalhotels** werden

Gästen auch im Winter ein angenehmes Baden und gleichzeitig Gesundung von manchen Leiden ermöglichen. Das hierfür notwendige Wasser kommt aus 1200 Metern Tiefe und ist 40 °C warm. Der Mineralgehalt dieses Wassers ist so hoch wie sonst nirgendwo in Deutschland. Dieses Heißwasservorkommen reicht von Binz aus in Richtung Norden mindestens bis nach Sassnitz, im Osten bis Lauterbach, und alle drei Orte werden davon profitieren. Besonders wichtig aber ist, daß solche Einrichtungen uns helfen werden, die Saison zu verlängern und damit verhindern, daß die Arbeitslosigkeit im September sprunghaft ansteigt.

Gleichzeitig sind sie zusätzlicher Anziehungspunkt für Wintergäste, auf die viele Hotels gut eingestellt sind, denn der Wintergast benötigt eine besonders intensive Betreuung. Die Kurverwaltungen bieten deshalb von Jahr zu Jahr umfangreichere Programme an. Zu ihnen gehören Rügenvorträge, Besichtigungsfahrten, spezielle Betreuungsprogramme für ältere Menschen und sogar Wintersport auf dem Eis oder Winterwanderungen in den herrlichen Wäldern, spezialisierte Wanderungen für Fotofreunde und Filmer, für Ornithologen und Geologen, Biologen und Historiker, für Freunde der Architektur und der Schätze unserer Nationalparks. All das wird in monatlich erscheinenden Betreuungsheften der Kurverwaltungen vorgestellt, und jeder Gast kann sich so auch in der kälteren Jahreszeit einen vielseitigen und erholsamen Urlaub gestalten.

»Auf Rügen ist keine Extrapost«

Noch heute ist es mit einem gewissen zeitlichen Aufwand verbunden, auf die Insel Rügen zu gelangen. Doch wer um das Jahr 1880 den kühnen Entschluß faßte, in die Sommerfrische zu fahren, weil er von Freunden oder Verwandten den Geheimtip erhalten hatte, daß die Bauern und Fischer an der Ostküste Rügens billige Ferienzimmer mit guter Verpflegung anbieten, der stand in erster Linie vor dem Problem, auf welche Weise er dieses Urlaubsquartier erreichen könne. Bahnanschluß hatten die winzigen Ortschaften noch nicht, doch mit einem Schiff sollte es möglich sein. Da die kleinen Dörfer aber auch keinen Hafen besaßen und das An-Land-Kommen damit zum Hauptproblem wurde, blieb als Notlösung nur das **Ausbooten**, das natürlich nur bei gutem Wetter ohne Gefahr möglich war. Aber wer die Phantasie aufbringt, sich ein solches Manöver mit einer kompletten Familie und dem damals üblichen Gepäck vorzustellen, der wird sich denken können, daß diese Lösung das Überleben der jungen Urlaubsorte nicht gerade förderte. Neue Verkehrsverbindungen mußten geschaffen werden, und sie kamen von zwei Seiten: von See aus über weit ins Meer reichende Seebrücken, vom Lande her durch die neuerbaute Kleinbahnstrecke.

Rügen-Reisende im 18. Jahrhundert

»Auf Rügen ist keine Extrapost. Aber die Fährleute, 24 an der Zahl, halten fast sämmtliche Pferde. Diese miethet man auf eine Strecke, und dann findet man auch im Lande weiter Pferde. Ich bezahle für 4, die mich den einen Tag bis Bergen, den andern bis Sagard über die Prora fahren, etwas über 5 Meilen, 5 Thaler 16 Groschen. Der gewöhnliche Preis ist 12 Schilling für das Pferd die Meile. In der Ernte aber ist es theurer.
Wir nahmen in Stralsund einen Korbwagen.
Dies ist angenehmer für die Aussicht, wegen der Leichtigkeit wohlfeiler, und wegen der engen Wege und tiefen Gleise auch sicherer.

Doch kann man auch überall, außer der Stubbenkammer, mit einem breiten Wagen hinkommen.«
(Wilhelm von Humboldt, 1796.)

Brücken im Meer

In den Jahren 1898 bis 1902 ließen die aufstrebenden Badeorte Sellin und Binz je eine 600 Meter lange **Seebrücke** bauen. Diese Brücken waren für die damalige Zeit kühne und teure Bauwerke. In einer solchen Seebrücke steckten ganze schwedische Fichtenwälder. Stämme von etwa siebzehn Metern Länge wurden mindestens sieben Meter tief in den Meeresboden gerammt und gespült. Schwere Steinpackungen auf dem Meeresboden befestigten die Träger zusätzlich, und an stark beanspruchten Stellen wurden die Hölzer mit eisernen Ketten verbunden. Bei der Länge der Brücken reichte die Wassertiefe am Ende durchaus, um hier große Schiffe anlegen lassen zu können. Andere Orte an der Küste folgten dem Beispiel der beiden Rügenbäder, und sogar vor dem Königsstuhl und vor Arkona entstanden Brücken für Touristen.

Die Seebrücken waren aber nicht nur simple Anlegestege. Sie dienten gleichzeitig als **Promenaden** für die Gäste, die dem An- und Ablegen der Schiffe zuschauten und die anreisenden Urlauber neugierig musterten. Später erhielten sie prachtvoll gestaltete **Brückenhäuser** mit Verkaufseinrichtungen. Doch die Erbauer hatten die ungeheure Wucht der anstürmenden Wogen unterschätzt. Bereits 1904 wütete ein Orkan so stark an der Küste, daß die Seebrücke in Binz vernichtet, die von Sellin stark beschädigt wurde. Schon 1906 stand die neue Brücke in Binz, noch stärker und breiter gebaut als die erste, noch eleganter mit breiten Auslegern sowohl für die eintreffenden Bäderschiffe als auch für die Besuche der kaiserlichen Flotte. Der Brückenkopf stellte eine einmalige Attraktion dar: Hier befand sich ein exklusives Restaurant, in dem zu besonderen Anlässen die Kurkapelle aufspielte. Dennoch sollte diese zweite Brücke in Binz in tragischer Weise von sich reden machen. Ein Augenzeuge berichtete in der Bäderzeitung:

»Leider war jedoch beim Bau der seitlichen Plattform ein Konstruktionsfehler entstanden, über dessen Auswirkungen noch zu reden sein wird. Im Hochsommer 1912 lagen mehrere deutsche Kriegsschiffe vor Binz, die zur Besichtigung einluden. Viele Neugierige stürmten auf die Brücke, als der aus Stettin kommende Verbindungsdampfer an der seitlichen Plattform anlegte. Dabei berührte er die Pfähle so, daß diese sich verschoben, der Brückenbelag von seinen Haltebalken gerissen wurde und ins Meer rutschte. Die darauf stehenden Badegäste stürzten mit in die See. Hilfsbereite Fischer und Besatzungsmitglieder waren sofort zur Stelle, um unter Lebensgefahr die Verunglückten vor dem Ertrinken zu bewahren. Hätten sich die noch auf der Brücke stehenden Leute richtig verhalten, wäre sicherlich kaum jemand ertrunken. Plötzlich aber stürmte eine Vielzahl von sensationslustigen und verwirrten Badegästen an den Unglücksort. Dem Ansturm nicht gewachsen, wurden die Retter ins Wasser gedrängt und mußten um ihr Leben schwimmen. Selbst die Bemühungen des Binzer Gendarmen Paeper, die Hinzudrängenden zurückzuhalten, blieben erfolglos. Zweimal

»Dampfschiff-Anlegestellen« machten das Ausbooten überflüssig

stürzte er selbst ins Wasser, arbeitete sich immer wieder hoch, um die Rettungsarbeiten zu einem erfolgreichen Ende führen zu können. Doch beim dritten Male mußte er mit 11 anderen Nothelfern sein Leben lassen. Insgesamt ertranken 14 Personen.

Dieses Unglück wurde übrigens der Anlaß zur Gründung der Deutschen Lebens-Rettungs-Gesellschaft (DLRG), einer Gemeinschaft freiwilliger Helfer, die inzwischen ihr 75 jähriges Bestehen feiern konnte.

Lange Jahre hat die Brücke zur Attraktivität des Badeortes beigetragen, war Promenade und Anlegemöglichkeit für Schiffe aller Art. Allen Stürmen hat sie widerstanden, bis ein schwerer Eiswinter ihr das Ende brachte. Im Winter 1941/42 türmten sich neben der Brücke gewaltige Eismassen auf. Das Eis fror an den starken Trägern der Konstruktion fest und lockerte sie durch die ständigen Bewegungen der riesigen Schollen. Schließlich zermalmten die Kräfte des Eises die dicken Fichtenstämme wie Rohrhalme und legten die gesamte Brückenkonstruktion auf die Seite. 400 Meter Brücke waren in kürzester Zeit zerstört. Nur ein kleiner Teil des Brückenkopfes ragte noch viele Jahre mit den Resten des Restaurants aus dem Meer. Er mußte später beseitigt werden, weil sich leichtsinnige Schwimmer den Brückenkopf als Ziel suchten, in die Strudel zwischen den Trägern gerieten und ertranken. Auch die Seebrücke in Sellin fiel dem Eisgang zum Opfer, nur das Brückenhaus stand noch viele Jahre.

Seit 1990 besitzen die drei großen Badeorte an der Ostküste, Sellin, Göhren und Binz, neue Seebrücken, die hoffentlich noch viele Jahre Stürmen und

Eisgang trotzen werden. Auch sie sind heute für den Gast Promenade. Vor allem aber bieten sie von Jahr zu Jahr mehr Schiffen Anlegemöglichkeit. Das bedeutet für Rügen Schiffslinien in alle Himmelsrichtungen und ins benachbarte Ausland, und wer mit dem Schiff fährt, kommt bekanntlich nicht mit dem Auto, entlastet also die Straßen.

Rübenbahn und Intercity

Als im Jahre 1883 die Bahnstrecke von Stralsund nach Bergen eröffnet wurde, begann die verkehrstechnische Erschließung der Insel Rügen. Zwar mußte man sich noch immer mit einem Fährschiff von Stralsund nach Altefähr übersetzen lassen, von dort aus gab es dann freie Fahrt in die Hauptstadt der Insel.

1890 begann die Auffächerung des Streckennetzes. Der Anschluß von Bergen nach Lauterbach wurde geschaffen und bereits ein Jahr später folgte der Bau der Strecke Bergen–Sassnitz, wo seit 1889 der Hafen gebaut wurde. Folgerichtig konnte dann bereits am 1. Mai 1897 die Postdampferlinie Sassnitz–Trelleborg eröffnet werden.

Nun war Rügen in den Hauptrichtungen erschlossen, und der Bäderbetrieb konnte sich entfalten. Probleme gab es nur noch mit dem verkehrstechnischen Anschluß des Hauptbädergebietes, der Südostküste mit ihren aufblühenden Badeorten.

Deshalb entschloß man sich 1894 zum Bau einer **Kleinbahnstrecke**, die allerdings weitgehend als Wirtschaftsbahn gedacht war. Die Schwierigkeiten der Streckenführung waren von vornherein groß. Manche Gutsbesitzer

Der Trajekthafen in Sassnitz von einst...

… ist heute noch Hafen für Reserveschiffe

forderten dringend Bahnanschluß, um ihre Agrarprodukte günstiger abtrans-
portieren zu können, andere lehnten diese Neuerung grundsätzlich ab und
verweigerten auch das Verlegen des Schienenweges auf ihrem Besitz. So
schlängelte sich seit dem 4. Juli 1896 die neue Bahn in endlosen Windungen von Altefähr nach Putbus. Von dort gab es schon seit dem 22. Juli 1895
eine Teilstrecke nach Binz, ab dem 23. Mai 1896 eine Weiterführung nach
Sellin-Ost und schließlich ab dem 13. Oktober 1899 die Fortführung bis
zur Endstation in Göhren. Damit hatten die Badeorte endlich Bahnanschluß,
was dem Fremdenverkehr einen weiteren Aufschwung gab.
Die nächste Kleinbahnstrecke wurde am 21. Dezember 1896 eröffnet und
führte ebenfalls als Wirtschaftsbahn, oder, wie die Rüganer sie nannten,
als **Rübenbahn**, von Bergen kreuz und quer von Gutsstation zu Gutsstation
dampfend, bis zur Wittower Fähre. Dort wurde sie von einem Trajektschiff
übergesetzt und erreichte schließlich Altenkirchen auf Wittow.
Da die Strecken von Altefähr bis Putbus und die von Bergen nach Altenkirchen wegen der ungünstigen Streckenführung von Urlaubern kaum an-
genommen wurden, legte man zu DDR-Zeiten beide Bahnlinien still. Es
verblieb die sogenannte **Bäderbahn** von Putbus nach Binz, die nach wie
vor einen Teil des Urlauberstromes in die Badeorte leitet und die heute
wegen der nostalgischen Dampflokomotive und der schaukelnden, kleinen
Wagen zur Attraktion geworden ist. Sogar einige Salonwagen besaß die
kleine Bahn, um dem »besseren Publikum« den gewünschten Luxus bieten
zu können. In diesen Salonwagen servierte man sogar einen kleinen Imbiß.

Ankunft der Waggons im Trajekthafrn von Altefähr

Wer etwas Besonderes erleben will, kann ihn auch heute noch zu Sonderfahrten bestellen.

Besonders in den Wintermonaten, wenn die Einheimischen unter sich waren, wurde die Kleinbahn, »uns lütte Bahn« genannt, zum Familiengefährt. Der Schaffner ging mit Knipszange und Kohleneimer von Waggon zu Waggon, warf in die runden Kanonenöfen, um die sich die Fahrgäste versammelt hatten, noch ein paar Kohlen, und es blieb auch noch Zeit, ein paar freundliche Worte zu wechseln. In der Vorweihnachtszeit schaukelte sogar

Unermüdlich schaukelt er über die Insel – der »Rasende Roland«

ein Adventskranz an der Decke des Waggons, dessen Kerzen an den Feiertagen angezündet wurden. Heute führt der Zug den vornehmen Namen **»Rasender Roland«** und manches Erlebnis aus alter Zeit lebt nur noch in der Erinnerung. Aber sowohl die Urlauber als auch die Inselbewohner können sich die Rügenlandschaft ohne die sich dahinschlängelnde »Lüttbahn« kaum vorstellen.

Ein Verkehrsproblem konnte lange Zeit jedoch nicht gelöst werden: Der Strelasund, der Rügen vom Festland trennte, war ein ständiges Hindernis für einen ungehinderten Verkehrsfluß. Erst 1932 nahm man den Bau eines festen Dammes in Angriff, der 1936 eingeweiht wurde. Der **Rügendamm** ist 2,5 km lang und wird von gewaltigen Stahlkästen getragen, die in den morastigen Boden des Strelasunds eingesenkt wurden.

Als Schienen- und Straßenweg überstand der Rügendamm alle Belastungen, bis 1945 fanatische Wehrmachtsangehörige einen Teil der Brücke kurz vor dem Anrücken der Roten Armee in die Luft jagten. Schnellstmöglich wurde der Rügendamm als Lebensader der Insel zunächst notdürftig repariert und später in alter Qualität wiederaufgebaut. Heute bedarf er dringend einer gründlichen Sanierung. Zusätzlich denkt man über eine zweite Rügenanbindung nach, die besonders durch den Ausbau des Hafens von Mukran notwendig geworden ist.

Folgende Doppelseite: Fischerboot vor der Kreideküste

Tour 1 – Über die Halbinsel Jasmund

Sieben Inselrouten

1. Über die Halbinsel Jasmund

Unsere erste Rügentour ist ungefähr 55 Kilometer lang und gilt im wesentlichen der Halbinsel Jasmund. Von Sassnitz aus führt sie durch den Nationalpark Jasmund an der Küste entlang zu den Wissower Klinken, der Viktoria-Sicht und dem Königsstuhl, bevor wir durch die Wälder der Stubnitz zum Herthasee streifen, um danach zurück an die Küste nach Lohme zu gelangen. Weitere Ausflugsziele werden Bobbin, Sagard und Lietzow sein. Danach besuchen wir die Festspiele auf der Naturbühne in Ralswiek und verfolgen die Kämpfe Klaus Störtebekers und seiner Mannen.

Ausgangspunkt ist **Sassnitz**, die Stadt, deren Name immer mit drei Begriffen verbunden war und ist: Kreideküste – Fischerei – Tor zum Norden.

Nur wenige Häfen bieten dem von See anreisenden Gast ein ähnlich beeindruckendes Panorama wie die Stadt an den Hängen der Halbinsel Jasmund: im Vordergrund eine 1500 Meter lange Mole, Schutz, Schiffsanlegeplatz und Promeniermeile zugleich, in der zweiten Ebene die Hafenanlagen, und in der dritten die grün aufsteigende Küste mit den weißen Hotelbauten, eingerahmt von den ersten Ausläufern der Stubnitzwälder.

Sassnitz – Aus der Geschichte einer Hafenstadt

Aus nur 12 Fischerkaten bestand im Jahre 1686 das ehemalige Fischerdorf am Ufer des Steinbaches. Das auf dem Hochufer liegende Crampas, das 1906 mit Sassnitz vereinigt wurde, zählte nicht mehr als 6 Bauernkaten. Während die Menschen in Crampas von der Landwirtschaft lebten, ernährten sich die Sassnitzer neben der Fischerei vom Torfstechen im Buddenhagener Moor, vom Holzeinschlag und von der Kreidegewinnung am Kieler Bach.

1824 setzte der Fremdenverkehr ein, und in wenigen Jahrzehnten entwickelte sich Sassnitz zu einem der bekanntesten Modebäder an der Ostseeküste, wovon auch Crampas profitierte. Hotels schossen in der engen Uferschlucht wie Pilze aus dem Boden, und am Wasser entstanden Badeanstalten und Kurmöglichkeiten. Die Urlauberzahlen schnellten in die Höhe, und bereits zu Beginn des 20. Jahrhunderts erholten sich hier jährlich etwa 40.000 Besucher. Später verlor Sassnitz jedoch mehr und mehr an Bedeutung und wurde von Badeorten mit schöneren Stränden, wie Binz und Göhren, überflügelt.

Der Ausbau des Hafens für die Hochseeschiffahrt 1889–1896 brachte Sassnitz neuen wirtschaftlichen Aufschwung. Durch die nun mögliche Aufnahme einer Postdampferverbindung Sassnitz–Trelleborg (1897) und schließlich die Indienststellung der Eisenbahnfähren (1909) auf der Königslinie wurde die Hafenstadt zum »Tor nach Norden«. Dieses Tor wurde im

Laufe der Zeit jedoch zu klein. Deshalb wurde im Sassnitzer Ortsteil **Mukran** eine riesige Hafenanlage für Eisenbahnfähren nach Klaipeda (Memel) erbaut, und im Jahre 1986 fuhr die erste Zweideck-Eisenbahnfähre auf der neuen Route. Mukran gewinnt für den Handel von Jahr zu Jahr an Bedeutung. Da der alte Stadthafen in Sassnitz zu eng wurde, verlegte man den Verkehr Sassnitz–Trelleborg nach Mukran. Inzwischen sind ständige Fährlinien nach St. Petersburg, Trelleborg, Bornholm und Klaipeda eingerichtet worden, und an einer der Molen werden Kreuzfahrtschiffe anlegen. Kurzum, das Tor zum Norden ist weit geöffnet.

Eine der schönsten Stellen erreicht man, wenn man von Sassnitz am Strand in Richtung Norden durch den Nationalpark Jasmund wandert (feste Schuhe anziehen!). Es sind die **Wissower Klinken.** Klinken nennt man auf Rügen Felsspitzen aus Kreide. Hier bilden sie den Rahmen für einen einzigartigen Meeresblick. Lange herrschte die Meinung vor, dort habe Caspar David Friedrich sein schönstes Bild von der Kreideküste gemalt. Heute weiß man, daß seine Staffelei wohl dicht neben dem Königsstuhl unterhalb der Viktoria-Sicht gestanden hat. Nach etwa vier Stunden Bergauf-Bergab, die man für die Wanderung ab Sassnitz braucht, taucht vor uns zwischen dichten Buchen die **Viktoria-Sicht** auf. Hier soll im Sommer 1865 bei einem Rügenbesuch Friedrich Wilhelms I. die Kronprinzessin Viktoria von Preußen tief beeindruckt gestanden haben; ein Gedenkstein an dieser Stelle erinnert daran. Von einer eisernen Brücke über dem schwindelerregenden Abgrund überblickt man einen tiefgrünen Buchenhangwald bis zum gegenüber majestätisch aufragenden Königsstuhl.

Erwandern wir dann den **Königsstuhl** selbst, so führen die Eingangsstufen zunächst über einen Hügel, von dessen Höhe wir auf den Feuerregenfelsen hinüberschauen, ohne zu ahnen, daß wir auf einem uralten Grab stehen. Für die Frage, wie die Bezeichnung »Königsstuhl« entstanden ist, gibt es drei Erklärungsversuche: 1. Wer früher König von Rügen werden wollte, mußte als Mutprobe den 118 Meter hohen Felsen von See her besteigen. 2. Von hier oben soll ein schwedischer König eine Seeschlacht seiner Flotte gegen die Dänen beobachtet haben. 3. Der Felsen steht wie ein Thron im Grün der Wälder.

Das Gebiet um den Königsstuhl ist für Privat-PKW grundsätzlich gesperrt. Wer mit eigenem Fahrzeug anreist, muß es auf dem Parkplatz Hagen abstellen. Eine sehr schöne Wanderung führt von dort aus zur Kreideküste. Aber auch Pendelbusse bringen die Touristen zum ersehnten Ziel.

Nur 800 Meter südwestlich finden wir, unter mächtigen Buchenkronen verborgen, den **Herthasee.** Sein tiefdunkles Wasser umspült weich das Seeufer, über dem sich die Herthaburg, ein slawischer Burgwall erhebt. Gefährlich soll es für den Wanderer sein, seinen Fuß mit dem geheimnisvollen Wasser des Sees zu benetzen. Es soll bisher noch jeden verschlungen

Rechte Seite: Viktoria-Sicht

Nationalpark Jasmund

Wie schon seit Jahrhunderten sind die an der Nordostküste Rügens von Sassnitz bis Lohme reichenden Wälder der Stubnitz magischer Anziehungspunkt für Maler und Spaziergänger. 2500 Hektar Waldgebiet stehen den Touristen mit einer Fülle von geologischen, zoologischen und botanischen Besonderheiten zur Verfügung, davon werden etwa 18% weitgehend ihrer natürlichen Entwicklung überlassen. Ein Teil der reizvollen Umgebung mit stillgelegten Kreidebrüchen, Feuchtwiesen, Trockenrasen und Gewässern wurde in das Gebiet des Nationalparks miteinbezogen. In den torfreichen Mooren wachsen Wollgräser und Torfmoose, Fieberklee, Sonnentau und Moosbeere. Dort, wo die Kliffküste feuchte Uferschluchten gebildet hat, finden wir Eschen, Ulmen und Ahorn, gedeihen Seggen, Riesenschachtelhalm und Moose. Größter Schatz sind die 24 Orchideenarten, die sich in den schützenden Waldregionen an kalkreichen Plätzen ungestört erhalten konnten.

Die Tierwelt ist mit Arten vertreten, die bundesweit zu den geschützten oder vom Aussterben bedrohten gehören. Der Nationalparkplan weist allein 295 Schmetterlings-, 29 Libellen-, 79 Landschneckenarten, zahlreiche Käfer und über 190 Vogelarten aus. Besonders hervorzuheben sind solche »Exoten« wie der nördliche Perlmuttfalter, der in den Mooren anzutreffende Springfrosch und die felsbrütenden Mehlschwalbenkolonien. Das jagdbare Wild ist mit Dam- und Rothirsch, Reh- und Schwarzwild z.T. sogar überreich vertreten. Nennenswert sind auch die Lurch- und Kriechtierpopulationen, die allerdings eines besonderen Schutzes (Krötenzäune) bedürfen.

haben, der es entweihte. An die knorrige Herthabuche, aus deren Rauschen man die Zukunft vorauszusagen suchte, erinnert heute nur noch ein Baumstumpf. Angeblich wurde in der Burg die Göttin Hertha verehrt, die für das Gedeihen von Haus, Hof und Familie zuständig war und die wohl später im Märchen als die hilfreiche Frau Holle erschien.

Die Herthaburg in der Nähe der Stubbenkammer war in alten Zeiten Wohnsitz der Göttin Hertha. Sie war den Menschen wohlgesinnt und belohnte die Mühe der Bauern mit reichen Früchten. Zur Erntezeit fuhr die Göttin auf einem mit Kühen bespannten Wagen durch das Land und wurde überall mit Jubel begrüßt. Nach der anstrengenden Fahrt badete die Göttin in dem unmittelbar neben der Burg gelegenen Waldsee, dem Herthasee. Diener und Dienerinnen wuschen den Wagen und leisteten Hilfe bei den heiligen Handlungen. Damit sie von den Zeremonien nichts ausplaudern konnten, wurden sie ertränkt. Die Geister der im See Ertränkten versammeln sich häufig am Ufer. (Heinz Lehmann: Rügen. Sagen und Geschichten, 5. Aufl. 1995)

Die **Herthasage** hatte wohl auch den Zweck, möglichst viele Gäste zu der unheimlichen Stelle locken, und das hat sie dann auch getan. Die Geschichtsschreibung dagegen berichtet, daß in dieser Burg der slawische Gott Tjarnaglofi, der Schwarzköpfige, angebetet wurde.

Verlassen wir den sagenumwobenen Ort und wandern auf den Hügeln der Stubbenkammer vier Kilometer in nordwestlicher Richtung, kommen wir nach **Lohme**, einen Badeort am Rande des Nationalparks. Der Ort wurde bereits 1648 als kleine Siedlung erwähnt. Man lebte damals auch hier vorrangig vom Fischfang. Nach dem Ersten Weltkrieg entstanden die ersten Pensionen. Der Küstenort hoch über dem Meer entwickelte sich zu einem bekannten Modebad, obwohl Lohme selbst keinen Sand, sondern nur Steinblöcke anzubieten hatte. Einer dieser Felsen gilt jedoch als Sehenswürdigkeit. Es ist der dachförmige **Schwanenstein**, der nur wenige Meter vom Ufer entfernt vom Meer umspült wird. Der Legende nach ruhen in diesem Stein noch viele ungeborene Rüganer. Von dort holt sie nicht der Storch, um sie zu ihren künftigen Müttern zu bringen, sondern der Schwan, denn die Schwäne bleiben bekanntlich das ganze Jahr auf der Insel, und so können auch im Winter Kinder geboren werden.

Dennoch geriet das Dörfchen mit seinem einmaligen Meeresblick langsam in Vergessenheit und fiel mehr und mehr in einen Dornröschenschlaf. Seit der Wende ist Lohme aus seiner Lethargie erwacht, es baute seinen kleinen, hübschen Hafen aus und nutzt jetzt die vorhandenen Möglichkeiten in guter Zusammenarbeit von einheimischen Hoteliers und westdeutschen Investoren.

Steinerne Zeugen der Geschichte –
Spyker, Sagard und der Dobberworth

Eine Allee auf dem Hochland der Halbinsel Jasmund führt in südwestlicher Richtung nach vier Kilometern an einem kleinen Gutshof vorbei, den man leicht übersehen könnte. Auf diesem ehemaligen **Gut Bisdamitz** wurde eine Frau geboren, deren Wirken noch heute für die medizinische Wissenschaft bedeutsam ist. Franziska Tiburtius (1843–1927) war die erste deutsche Frau, die es wagte, in die Domäne der männlichen Mediziner einzubrechen. Ihrem Können und ihrer Zähigkeit ist es zu verdanken, daß das Medizinstudium in Deutschland auch für Frauen zugänglich wurde.

Vor uns öffnet sich nun die Landschaft zu einem märchenhaften Panoramablick über fruchtbares Ackerland, auf dem sich im Herbst tausende Kraniche zur Nahrungsaufnahme niederlassen, über die glitzernde Wasserfläche des Großen Jasmunder Boddens und den herrlich geschwungenen Strandbogen der Schaabe bis zum Kap Arkona, dessen Leuchtturm von fern herübergrüßt. Hier möchte man lange verweilen, aber schon wieder schimmert nach weiteren 3,5 Kilometern Autofahrt ein rotes Ziegeldach durch das Laub schützender Bäume, dem man ohne besonderen Hinweis wohl wenig Aufmerksamkeit schenken würde. Dort hinter den Bäumen liegt das **Gut Ruschvitz**. Hier wurde der Sage nach im 14. Jahrhundert der Volksheld des Nordens, Klaus Störtebeker, geboren. Mag man es glauben oder nicht, auf Rügen ist vom Kind bis zum Greis jedermann davon überzeugt.

Knapp 2 km weiter führt uns der Weg wieder in Richtung Süden nach Bobbin. Zu Füßen des Dorfes erhebt sich am Ufer des Jasmunder Boddens das alte schwedische Wasserschloß **Spyker** mit seinen vier wuchtigen Türmen. Spyker bedeutet im Deutschen Speicher oder aber auch Lusthaus. In einem der Ecktürme soll es sogar spuken, und das hat folgende Ursache: 1649 war das Schloß im Besitz des schwedischen Reichsadmirals und Reichsmarschalls Carl Gustav von Wrangel, der in den letzten Jahren des Dreißigjährigen Krieges die schwedischen Truppen in Deutschland anführte. Er starb 63jährig auf Schloß Spyker. Um seinen Tod rankt sich die Legende, er habe sich geweigert, das schwedische Heer in der Schlacht bei Fehrbellin anzuführen. Daraufhin sei er von einem Femegericht zum Tode verurteilt worden. Der Scharfrichter von Stralsund soll in der Nacht zum 24. Juni 1676 mit mehreren verkleideten, hochrangigen Persönlichkeiten heimlich in das Schloß eingedrungen sein und den Marschall hingerichtet haben.

Erbaut wurde das Schloß im 14. Jahrhundert. Bis zum Ende des Dreißigjährigen Krieges war es im Besitz der Familie von Jasmund. Als diese ausstarb, belehnte die schwedische Königin Christine den Feldmarschall Wrangel mit der Herrschaft Spyker. Nach dem Wiener Kongreß (1815) waren das Schloß und die dazugehörigen Güter bis zur Enteignung 1945 im Besitz der Familie derer von Putbus. In den Jahren nach 1945 verfiel

Das Wasserschloß Spyker beherbergt heute ein Hotel

das Schloß zusehends. Dann wurde es renoviert und zum Ferienhotel der DDR-Gewerkschaft ausgebaut. Heute ist Spyker ein gepflegtes Schloßhotel, liebevoll restauriert und elegant eingerichtet. Sehenswert sind hier vor allem die kostbaren Barockstuckdecken »Die Jahreszeiten« des Schweden A. Lohr (1652) und die mit Schnitzereien verzierten Eichentüren.

Oberhalb des alten Wasserschlosses liegt das Dorf **Bobbin**. Es ist bereits seit 1250 bekannt. Sein Name geht wohl auf das slawische Wort ›Baba‹ (= ›Großmutter‹) zurück. Auffällig ist die wuchtige Kirche (gebaut um 1400) mit starken Feldsteinwänden und einem fast festungsähnlichen Turm. Sie ist die einzige erhaltene Feldsteinkirche auf Rügen. Die wichtigsten Ausstattungsstücke gehen wahrscheinlich auf Schenkungen der Familie Wrangel (1649) zurück. Zu ihnen gehören der Altar, die Kanzel und die Patronatsloge. Nur die Fünte aus gotländischem Granit stammt wahrscheinlich schon aus dem Jahre 1300 und zeigt in ihrem Kelch zwölf Spitzbogenblenden. In der Sakristei steht ein eisenvergitterter Sakramentsschrein, verziert mit gotischer Temperamalerei und Schnitzwerk.

Das nächste Ziel unserer Rundfahrt auf Jasmund ist nach weiteren 6 km **Sagard** (slaw. ›Zagard‹ = ›Einfriedung‹), früher Handwerkerstadt für das umliegende Bauernland. Wie schon an anderer Stelle erwähnt, ist Sagard der erste Badeort Rügens gewesen, und man findet heute noch Reste der einstigen Brunnenaue sowie den Kreidebach, der durch den Ort fließt. Von der ehemaligen Ringburg – Sagard war im Mittelalter Mittelpunkt eines Gardevogteibezirkes – sind hingegen keine Überreste mehr vorhanden.

Die Kirche in Sagard geht in ihren Anfängen auf das 13. Jahrhundert zurück. Der gotische Chor und der burgartig angelegte Turm sind im 15. Jahrhundert errichtet worden. Auch das nördliche Seitenschiff wurde gotisch gestaltet. Den Altaraufsatz schuf Elias Keßler aus Stralsund (1726/27). Auch die barocke Orgel, gebaut 1796 von Christian Kindt, ist das Werk eines Stralsunders. Die Kanzel mit dem Rundkorb wurde erst 1830 errichtet.

Am Ortsausgang von Sagard in Richtung Bergen liegt direkt an der B 96 das größte Hügelgrab Rügens und zugleich Norddeutschlands, der **Dobberworth**. Es handelt sich um eine bronzezeitliche Grabstätte mit einem Alter von etwa 3500 Jahren, einem Umfang von etwa 150 Metern und einer Höhe von 9 m. Um das Grab ranken sich viele Sagen, eine soll hier kurz erzählt werden:

Im Dobberworth haben vormals Unterirdische gewohnt. Einmal wurde ein Bauer von ihnen gebeten, eine Fuhre Getreide zu einer bestimmten Stunde an den Dobberworth zu bringen. Als sich der Bauer darüber wunderte, daß er mitten auf dem Feld Korn abladen sollte, denn er hatte seinen Gesprächspartner nicht als Unterirdischen erkannt, fand er ihn weit geöffnet und fuhr mit seinem Gespann eine gute Strecke in den Berg hinein. Zur Belohnung wurde ihm soviel Gold auf den Wagen geladen, wie die Pferde ziehen konnten. Es wurde ihm aufgetragen, sich nicht umzuschauen. Der Bauer wandte sich aber nach dem Gold um, und siehe da, der Berg verschloß sich. Die Pferde und der Bauer kamen glücklich davon. Den halben Wagen und das Gold hat der Dobberworth verschlungen. (Heinz Lehmann: Rügen. Sagen und Geschichten, 5. Auflage 1995)

Entlang des Großen Jasmunder Boddens –
Von Lietzow nach Ralswiek

Die B 96 führt uns weiter in anmutigen Windungen in Richtung Lietzow, wo nach fünf Kilometern ein herrlicher Blick auf den Betrachter wartet. **Lietzow** (slaw. ›Lisow‹ = ›Fuchs‹) liegt am Übergang des Kleinen in den Großen Jasmunder Bodden. Hier befand sich in früheren Jahrhunderten nur eine Furt für die Salztransporte, die schon zur Hansezeit diesen Weg zu den Vitten nehmen mußten. Personen wurden von einem Fährmann übergesetzt. Erst 1868 wurde ein fester Damm aufgeschüttet, über den heute die Züge nach Sassnitz und Binz fahren. An diesen Bau erinnert das kleine Schlößchen am Berghang, das auf Rügen scherzhaft »Schloß Liechtenstein« genannt wird. Besitzer war der Erbauer des Dammes, der sich den schön gelegenen Ort als Heimat wählte.

Lietzow ist weit über die Grenzen Rügens hinaus bekannt geworden, denn hier wurden bei **archäologischen Grabungen** viele tausend Feuersteinwerkzeuge, Bruchstücke oder Halbfertigfabrikate aus der Steinzeit (3000 v. Chr.) gefunden. Man vermutet, daß frühe Siedler auf Rügen bereits in großer Menge Feuersteinwerkzeuge für den Export produzierten und spricht wegen des Herstellungsortes auch von der Lietzow-Kultur.

Unsere weitere Fahrstrecke wird von einem neuangelegten Fahrradweg bis nach Bergen begleitet. Nach vier Kilometern biegen wir rechts ab und geraten in eine fast geheimnisvoll anmutende Allee, die gleichzeitig das grüne Eingangstor für das slawische Wirtschaftszentrum der Insel ist. Es geht hinunter nach **Ralswiek** am Großen Jasmunder Bodden. Gleich am Ausgang des Waldes steht eine kleine Holzkirche, die davon zeugt, daß zeitweise auch schwedische Adlige Besitzer des Dorfes waren.

Biegen wir dann rechts in die Hauptallee des Dorfes ein, sehen wir ein kleines Bächlein, als Entwässerungsgraben angelegt, dem man seine Geschichtsträchtigkeit nicht ansieht. Hier wurden bei Drainagearbeiten 1967/68 drei slawische Schiffe aus dem 9./10. Jahrhundert freigelegt. Ein viertes entdeckte man wenige Jahre später. Die Schiffe hatten eine Länge von 13–14 Metern und waren etwa 2,50 Meter breit. In vielen Details haben sie Ähnlichkeit mit den Drachenschiffen der Wikinger. Es handelt sich um seetüchtige Transportfahrzeuge und Mannschaftsboote, mit denen die als Seeräuber gefürchteten Ranen die Ostsee unsicher machten. Auf den weitläufigen Handel der Ranen deutet ein **Silberschatz** hin, der bei der Freilegung der ehemaligen Siedlungsstätte unter einem gemauerten Steinherd entdeckt wurde. Er besteht aus annähernd 2200 arabischen Dirhams und Bruchstücken dieser Münzen. Diese Zahlungsmittel stammen aus verschiedenen Ländern des arabischen Kalifats, aus Spanien, Nordafrika, Armenien und vor allem aus den großen Städten um den Persischen Golf, in erster Linie aus Bagdad.

Angebliches Portrait Störtebekers

Von der historisch zentralen Bedeutung dieses Ortes und seiner dichten Besiedlung zeugt auch eines der größten Gräberfelder Norddeutschlands mit vielen hundert Hügelgräbern teils slawischen Ursprungs, teils aber auch von damals hier lebenden Wikingern angelegt. Man findet es in den dichtbewaldeten Schwarzen Bergen unmittelbar oberhalb des Hafens.

Noch heute gibt es in Ralswiek einen idealen Seglerhafen. So ist der Ort den alten Traditionen der Seefahrt bis in die Neuzeit treu geblieben. Nicht ganz so historisch verbürgt ist die Überlieferung, wonach **Klaus Störtebeker** mit seinen Likedeelern hier einen Schlupfwinkel gehabt haben soll. Sicher böte sich dieser Ort mit seinen versteckten Buchten dafür an, und zahlreiche Sagen scheinen das auch zu belegen. So ist es wohl auch kein Zufall, daß dieses kleine Dorf im Jahre 1959 eine enge Beziehung zu dem großen Piraten aufnehmen sollte. Am Rande Ralswieks wurde eine **Freilichtbühne** unterhalb eines weiten, zum Meer abfallenden Hanges gebaut – die damals größte Land- und Seebühne Europas. Für diese Bühne schrieb der zu DDR-Zeiten überaus populäre Dichter und Schriftsteller Kurt Barthel (KuBa) eine dramatische Ballade über das Leben und Sterben des großen Piraten und seiner Likedeeler. Likedeeler bedeutet Gleichteiler, eine Vereinigung von kühnen Seeleuten, die das Gut der Erde an alle Menschen gleichmäßig verteilen wollten. So jedenfalls sah sie das arme, unterdrückte Volk.

Unter der Regie von Hanns Anselm Perten spielten dann in den Sommermonaten 1959–1961 Inselbewohner von ganz Rügen auf dieser Bühne ihr Stück vor allabendlich fast 10.000 Zuschauern. Nach längerer Pause fanden die Festspiele 1980/81 noch einmal statt; danach konnten sie wegen fehlender finanzieller Mittel nicht fortgeführt werden. Nach der Wende übernahmen wagemutige Künstler die riesenhafte Bühne in eigene Regie und brachten seit 1993 einen neuen »Klaus Störtebeker« auf die Bühne, der mit großer Freude und Begeisterung in einer fünfteiligen Serie im Juli und August jeden Jahres aufgeführt wird und an Wochenenden bereits eine Zuschauerzahl von 10.000 Gästen erreicht hat. Seit 1998 gibt es eine neue Serie.

Nach der Christianisierung Rügens (1168) wurde Ralswiek zum Tafelgut des dänischen Bistums Roskilde. Im alten **Schloß**, heute Wohnhaus und

Die Freilichtbühne von Ralswiek vor der Kulisse des Jasmunder Boddens

Kindergarten, wurde der Bischofsroggen, eine Abgabe der ranischen Bauern für Roskilde, entgegengenommen. Vom Ende des 15. Jahrhunderts an gehörte das Dorf mit kurzen Unterbrechungen dem Geschlecht von Barnekow, das den Flecken dann 1891 an den Grafen Douglas verkaufte. Dieser Adlige ließ 1893–1896 das neue Schloß in Anlehnung an die französischen Loire-Schlösser mit zwei runden Ecktürmen erbauen. Architekt war der Berliner G. Stroh. Oberhalb des Ortes, inmitten eines dendrologisch interessanten, herrlichen Parks, ragt dieses Schloß heute noch über dem Bodden auf, für Touristen ein gern besuchtes Ziel, für die Zuschauer der Festspiele eine imposante Kulisse.

Wir verlassen Ralswiek und kehren zurück auf die Halbinsel Jasmund. Kurz vor Sassnitz sehen wir links die Gebäude der Kreidewerk Rügen GmbH, über das an anderer Stelle schon gesprochen wurde. Bald darauf sind wir wieder in Sassnitz und damit am Ausgangspunkt unserer ersten Wanderung. Ein letzter Abstecher gilt einem der schönsten Naturschutzgebiete Rügens, das in Europa sicher einmalig ist.

Folgende Seite: Die Feuersteinfelder bei Neu-Mukran

Ausflug in die Feuersteinfelder

Die Feuersteinfelder liegen auf der **Schmalen Heide** zwischen Prora und Neu-Mukran, die man über die Verbindungsstraße Binz–Sassnitz nach 10 Kilometern erreicht. Am Waldrand befinden sich ein kleiner Parkplatz und eine Bushaltestelle. Dahinter erstreckt sich ein Waldweg, in den man links einbiegt und ihm solange folgt, bis er rechts an Bahngleisen über eine Brücke führt. Hier weisen Tafeln auf einheimische Pflanzen und Tiere hin. Nach der letzten Tafel geht es rechts in den lichten Wald.

Es ist schwer, die Einmaligkeit dieser Landschaft zu beschreiben. Man muß sie einfach erleben. Die **Steinheide** ist ein Gebiet, das fast ausschließlich aus bis zu vier Meter hohen Ablagerungen aus grauweißen Feuersteinen besteht, auf denen Heidekraut und großgewachsene Wacholder gedeihen. Wie ist diese ungewöhnliche Landschaft entstanden? Die Insel Rügen besteht aus Inselkernen, deren Hauptbestandteil im Raum Jasmund und Arkona die Kreide ist, und den sie verbindenden Nehrungen, die sich in weiten Bögen von Inselkern zu Inselkern ziehen. Sand, Strömung und Wind haben diese Nehrungen aufgebaut und gestaltet. Die hohen Kliffs verloren jährlich im Kampf mit dem anstürmenden Meer Sand, Kies, Feuersteine und schwere Findlingsblöcke. Der feinste Sand schwamm mit der Strömung am weitesten und bildete die feinsandigen, steinfreien Strände der großen Badeorte. Die kleineren Steine rollte die Ostsee auf dem Meeres-

grund entlang und schleuderte sie dann bei ungewöhnlich starken Stürmen hoch auf das Land.

Man vermutet, daß die Sturmfluten, welche die Feuersteinfelder entstehen ließen, etwa 3500 Jahre zurückliegen. 40 ha groß ist dieses Naturschutzgebiet, umgeben von Nadel- und Laubgehölzen. Durchqueren wir diesen Vegetationsgürtel, dann stehen wir fast unvermittelt vor den vierzehn flachen Steinwällen, die wie die Wellen einer leichten Dünung die Grundstruktur des Gebietes ausmachen. Millionen knollenförmiger Steine breiten sich in unregelmäßigen Flächen vor uns aus, eingerahmt von dunklen Wacholdersäulen, aufgehellt durch die unzähligen Blüten des Heidekrauts. Schlanke Birken, wilde Rosen und Schlehen bereichern diesen Naturgarten, der zu jeder Jahreszeit neue Schönheiten entfaltet. Wer sich beim Wandern dieser Natur anpaßt und sich ganz unauffällig bewegt, kann sogar **Mufflons** entdecken, eine korsische Wildschafart, die man hier zum Kurzhalten des Heidekrauts ausgesetzt hat.

Leider blieb zu DDR-Zeiten auch diese kostbare Landschaft von militärischen Eingriffen nicht verschont. Schießübungen und andere Manöver verwüsteten Randgebiete der Feuersteinfelder und lösten in dem trockenen Gebiet Brände aus. Heute entdeckt man nur noch hin und wieder Reste von Schützenlöchern und Geschützstellungen im Dickicht, denn nach und nach breitete die Natur über all die Wunden ihren schützenden Mantel.

Tour 2 – Die Halbinsel Wittow

2. Die Halbinsel Wittow

Mit der zweiten, ungefähr 55 Kilometer langen Tour erkunden wir Wittow, die nördlichste Halbinsel Rügens mit ihrer fast unbewaldeten Kreide-steilküste. Höhepunkt wird neben dem Besuch der so unterschiedlichen Dörfer Altenkirchen und Vitt die Besichtigung Kap Arkonas mit seinen Leuchttürmen und den Burganlagen sein.

Über die Schaabe von Glowe nach Breege-Juliusruh

Von Sassnitz aus fährt man knapp sechzehn Kilometer quer über die Halb-insel Jasmund in Richtung Osten, um nach Glowe, den Ausgangspunkt dieser Wanderung zu gelangen.

Das Dorf Glowe (slaw. ›glowna‹ = ›Kopf‹) mit etwa 1450 Einwohnern liegt an einer etwas ungewöhnlichen Stelle: Hier vereinigte sich nach jahrtausendelangen Anspülungen von Arkonasand die **Schaabe**, eine 9 km lange Nehrung, mit der Halbinsel Jasmund. Sie trennt heute den Großen Jasmunder Bodden von der Ostsee und verbindet gleichzeitig die Halbin-sel Wittow mit der Halbinsel Jasmund.

1314 zum ersten Mal urkundlich erwähnt, lag **Glowe** an einem Verbindungs-gewässer zwischen Bodden und Ostsee und bot damit einen idealen Schutz-hafen für die Fischer. Da sich unmittelbar südlich ein Hochland in Rich-tung Jasmund anschließt, waren neben dem Fischfang auch Ackerbau und Viehzucht möglich. Hinzu kam die ideale Lage des Dörfchens an einem der langen Salzwege, auf denen mit Pferdewagen das Salz zu den Vitten des Nordens gebracht wurde. Vor der anstrengenden Fahrt durch den Dü-nensand haben sich die Fuhrleute sicher in dem kleinen Dorfkrug, der »taberna bek« gestärkt. Im 14. Jahrhundert gehörten zu Glowe neben die-sem Dorfkrug drei Bauernhöfe und sechs Katen.

Im Zuge des Chausseebaus nach Altenkirchen wurde der Durchfluß zwi-schen Bodden und Ostsee endgültig gesperrt. Allerdings plante das Militär bereits vor dem Ersten Weltkrieg, diese Durchfahrt wieder zu öffnen, aber erst im Zweiten Weltkrieg begann man mit den Arbeiten, die glücklicher-weise nie beendet wurden, denn dadurch wurde der kleine Badeort davor bewahrt, als Kriegshafen ausgebaut und unmittelbar in die Kämpfe einbe-zogen zu werden. Noch heute zeugen die aufgeschütteten Wälle und die vielen Baracken, in denen früher die Bauarbeiter wohnten, von diesen Plä-nen.

Man könnte Glowe bei einem Rückblick in die DDR-Zeit als »Bad der Kinder« bezeichnen. Die vielen Baracken, die Ruhe und Weitläufigkeit des Dorfes sowie der ausgezeichnete Strand ließen viele Kinderferienlager, Betriebslager und Jugendherbergen entstehen. Zusammen mit dem heute nicht mehr existierenden Zeltplatz und den wenigen Privatpensionen bot das Dörfchen immerhin etwa 35.000 Gästen im Jahr Platz und konnte sich in der Besucherstatistik damit gleich hinter Binz einreihen.

Das Ostseebad Breege blickt auf eine lange Tradition zurück

Der wichtigste Betrieb in Glowe war die **Küstenfunkstation** Rügenradio, die neben dem Senden von Wetterberichten und anderen Informationen die Funkverbindung auf allen Meeren gehalten hat, zwischenzeitlich aber geschlossen werden mußte. Heute sind es kleinere Hotels und Pensionen, die den freundlichen Badeort noch immer zum Anziehungspunkt für Urlauber machen. Hier versorgen sich auch die vielen Tagesgäste, die den zehn Kilometer langen Strand der Schaabe zum Baden und Sonnen aufsuchen.

Nach einer angenehmen Fahrt durch die Küstenschutzwälder erreichen wir nach elf Kilometern das Doppeldorf Breege-Juliusruh. Beide Ortsteile liegen am Eingang zur Halbinsel Wittow. **Breege** (slaw. ›Bregy‹ = ›Uferort‹) wurde bereits 1314 genannt. Zeugnisse aus Fischerei und Landwirtschaft, Seefahrt und Tourismus haben ein interessantes Ortsbild entstehen lassen. Eigentlicher Mittelpunkt aber ist der kleine, sehr lebendige Hafen. Hier liegt ein Passagierschiff, das nach langjähriger Pause wieder die Verbindung zur Insel Hiddensee herstellt. Die Düfte der Räucherei ziehen über das Bollwerk, und kleine Verkaufsstände laden zu Gaumenfreuden ein. Am Steg wiegen sich Charterjachten und Boote, die auf Ostseekreuzfahrt den kleinen Hafen entdeckten, Urlauber bummeln durch die lange Dorfstraße und erfreuen sich an der traditionellen Bauweise der zum Teil noch rohrgedeckten Häuser. Breege war nämlich im 19. Jahrhundert ein reiches Seefahrerdorf, bis dieser Berufszweig mit dem allgemeinen Niedergang der Hochseeschiffahrt am Ende des Jahrhunderts bedeutungslos wurde.

Am Ortsrand von Breege hatte 1795 Julius Christoph von der Lancken Schloß und Park errichten lassen. Das Geschlecht von der Lancken gehörte bereits von Alters her zu den führenden Adelsgeschlechtern der Insel.

Julius von der Lancken plante, sich hier einen Sommersitz zu schaffen. Teils in französischem, teils im englischen Stil angelegt, hätte dieser Park der Insel sicher zur Zierde gereicht, aber als 1803 die Anlage an einen neuen Besitzer verkauft wurde, verfiel das Schloß bis zum Zusammenbruch, und der reizvolle Park verwilderte mehr und mehr. Was Julius von der Lancken aber ohne seine Voraussicht hinterließ, war der kleine Badeort **Juliusruh**, der an ihn erinnert und mit seiner ruhigen Abgeschiedenheit besonders ältere Urlauber anzieht.

In Altenkirchen auf den Spuren von Pastor Kosegarten

Verlassen wir den kleinen, in Wald eingebetteten Badeort in Richtung Norden, so breitet sich vor dem erstaunten Touristen eine völlig neue Welt aus. Wir sind auf Wittow, dem Windland, das diesen Namen völlig zurecht trägt. Durch Gletscherbewegungen in der Eiszeit wurde die Halbinsel völlig flach geschoben, kein Berg oder Hügel verstellt den Blick in die weite Ebene. Die ursprünglich dichten Wälder wurden in der Zeit der Kriege zwischen Ranen und Dänen gefällt, die restlichen Gehölze im Dreißigjährigen Krieg. Eingetauscht haben die Wittower dafür riesige landwirtschaftliche Flächen mit bestem Boden. Wittow ist das größte Kohlanbaugebiet des Nordens, und jährlich finden auf der Insel die Kohlwochen statt, in denen die ortsansässigen Gastronomen zeigen, was man aus Weiß- und Rotkohl an schmackhaften Gerichten zubereiten kann.

Wandern wir von Juliusruh auf einem reizvollen Hochuferweg nach Norden, so erreichen wir nach gut drei Kilometern das unmittelbar am Steilufer gelegene **Hünengrab von Nobbin**, eine beeindruckende Grabanlage aus der Jungsteinzeit, die auch Caspar David Friedrich und Carl Gustav Carus als Motiv diente.

Fahren wir dagegen auf der gut ausgebauten Chaussee mit begleitendem Fahrradweg nach Norden, erreichen wir nach drei Kilometern **Altenkirchen**, das nördlichste Großdorf Rügens. Schon der Name verrät, daß wir hier auf eine der ältesten Kirchen Rügens stoßen. Zur Straße hin grenzt eine Mauer das Kirchengelände vom Trubel der Durchgangsstraße ab. Dahinter empfängt uns die Stille eines Friedhofes mit steinerner Einfriedung, alten Grabstätten und einem düster wirkenden, hölzernen Glockenturm. Im Frühjahr entfalten hier unzählige Winterlinge ihre goldgelben Blüten und bilden einen reizvollen Kontrast zu den dunkel aufragenden Kirchenmauern.

Um 1200 wurden hier nach dem Fall der heidnischen Tempelanlage Arkona die ersten Ziegelsteine vermauert. Dänische Mönche brachten den Steinbau mit in das eroberte Land. Die in Kreuzform errichtete Kirche ist nach Bergen der zweitälteste Sakralbau der Insel. Die romanische Apsis zeigt u.a. von außen eine Traufleiste und einen Dreieckfries, unter dem kleine, aus Ziegelstein gearbeitete Kopfkonsolen erkennbar sind.

Folgende Seite: Die Backsteinkirche in Altenkirchen

Ernst und feierlich nimmt das Kirchenschiff den Besucher auf. Wahrscheinlich hatte man zunächst eine dreischiffige Basilika geplant. Darauf deutet die Fensteranlage über den Arkadenspitzen des Mittelschiffs hin. Im Chor steht eine romanische Fünte mit vier Gesichtsmasken aus gotländischem Granit. Gehen wir rechts durch eine niedrige Tür, so finden wir, eingemauert in der Seitenwand des Vorbaus, eine liegende Steinfigur. Sie stammt aus slawischer Zeit und könnte einen slawischen Priester mit einem Methorn darstellen. Man vermutet, daß Altenkirchen auf einem slawischen Begräbnisplatz errichtet wurde.

Der Barockaltar und auch der Taufengel sind Werke Elias Keßlers aus Stralsund (18. Jh.). Das Ölbild nach einer Vorlage des Wolgaster

Der Grabstein Kosegartens auf dem Altenkirchener Friedhof

Malers Philipp Otto Runge (1777-1810) stellt Christus, den im Meer versinkenden Petrus rettend, dar Es handelt sich dabei um eine Kopie des Bildes, dessen Original heute in der Hamburger Kunsthalle hängt. Das Triumphkreuz wurde nach der Restaurierung durch Hans Todemann im Jahre 1980 wieder an seinem angestammten Platz aufgehängt.

In dieser Kirche predigte der Pastor und Dichter **Gotthard Ludwig Theobul Kosegarten** (1758–1818), dessen Gedichte zu den ersten Lobliedern auf die Insel Rügen zählen. Bei Kosegarten war Ernst Moritz Arndt Hauslehrer, und viele Persönlichkeiten aus Kunst und Literatur gingen im Altenkirchener Pfarrhaus aus und ein. Das restaurierte Grab des bekannten Geistlichen liegt unmittelbar neben dem Kircheneingang.

Altenkirchen besaß schon früh Marktrecht und gilt noch heute als größter Ort Wittows. Von hier aus führen Straßen in alle Richtungen und sogar zum 2 km entfernten Strand, so daß auch Sommerurlauber diesen Ort gern annehmen.

Kap Arkona – Das Nordkap Deutschlands

Auf Wittow war und ist **Kap Arkona**, das man wegen seiner Form und Lage wohl mit Recht als das Nordkap Deutschlands bezeichen darf, *der* Urlaubermagnet und fehlt in keinem Reiseplan für Feriengäste. Es kann den anreisenden Besucher aber meist nur wenige Stunden festhalten, und nur von durchreisenden Touristen können die kleinen Dörfer im Norden

Die Leuchttürme von Kap Arkona markieren die nördlichste Spitze Rügens

nicht leben. Deshalb wurde für das gesamte Gebiet eine großzügige und vielseitige Flächenplanung vorgenommen und seit einigen Jahren ideenreich und systematisch in die Tat umgesetzt. Kaum ein Gebiet der Insel hat sich daher in den letzten Jahren so grundlegend verändert wie die Nordspitze Rügens. Das ist auch der gemeinsamen Grundhaltung von Gemeindevertretung und Bevölkerung zu verdanken. Man zieht touristisch »an einem Strang«, und das zahlt sich für alle aus.

Sturmzerzauste Alleebäume rahmen die schmale, acht Kilometer lange Chaussee ein, die von Altenkirchen nach **Putgarten** führt. Der Name Putgarten stammt vom slawischen ›Podgarde‹ (= ›Ort unter der Burg‹) ab, liegt doch dieses kleine Dorf unmittelbar in der Nähe der Burganlage Arkona. Bereits vor dem Einbiegen auf den Parkplatz von Putgarten hat man das Panorama der Leuchttürme von Arkona vor sich. Um lange Autoschlangen zu vermeiden, ist die Nordspitze Rügens jetzt für Kraftfahrzeuge gesperrt.

Auf dem großzügig angelegten Parkplatz des Ortes bleibt also das Fahrzeug stehen, und wir wechseln zu der kleinen gasbetriebenen Bahn über, die uns direkt zu Leuchttürmen, Burgwall oder dem kleinen Dörfchen Vitt bringt.

Zwei Leuchttürme hat das Kap. Der kleinere von beiden, heute nicht mehr in Betrieb, ist der **Schinkelturm**, erbaut 1826–1829 nach Plänen des großen preußischen Staatsbaumeisters Karl Friedrich Schinkel (1781–1841). Der quadratische Turm ist 25 Meter hoch. Gestaltet wurde er im klassizistischen Stil der sogenannten Schinkelzeit in einzigartiger Harmonie und

Symmetrie. Dieser alte Leuchtturm funktionierte mittels einer durch Spiegel verstärkten Öllampe. Heute ist er Aussichtsturm und Museum. Eine sehr schmale Wendeltreppe führt zur Aussichtsplattform hinauf. Von oben hat man einen einzigartigen Panoramablick über Land und Meer. Im Osten kann man bei klarer Sicht sogar die weißen Kreidefelsen der dänischen Insel **Møn** erkennen.

Zum Leuchtturm gehören auch alle technischen Gebäude und das Wohnhaus der ehemaligen Leuchtturmwärter. Sie dienen heute als Ausstellungs- und Veranstaltungsräume. Zu Füßen des alten Leuchtturms hat man eine kleine Freilichtbühne für das umfangreiche und anspruchsvolle Kulturangebot auf dem Kap errichtet. Der neue Leuchtturm, höher aufragend und mit modernen Lichtanlagen ausgestattet, wurde erst 1902 erbaut und warnt heute die Seefahrer vor den Sandbänken und Klippen der Küsten. Auch er ist zu besichtigen.

Nur wenige hundert Meter trennen uns von einer ganz anderen Sehenswürdigkeit. Vor uns erhebt sich der zu slawischer Zeit gewaltige Wall der ehemaligen **Tempelburg** von Arkona. Ehe wir ihn besteigen, sollten wir jedoch den neu eingerichteten **Peilturm** besuchen. Dieses Gebäude, früher einmal von der Marine erbaut, wurde sorgsam restauriert und zeigt heute eine Ausstellung über das Leben der Wikinger und Slawen im Norden Rügens. Zudem haben wir von der Kuppel aus einen besonders schönen Blick zur Stubbenkammer hinüber und eine ideale Übersicht über das Areal der alten Tempelburg zu Füßen des Turmes.

Jedes Jahr holt sich das Meer während der Frühjahrs- und Herbststürme große Stücke der steilen Kliffküste. Immer wieder brechen Teile der Uferfelsen in die Tiefe, nachdem das Meer über Jahre hinweg den Fuß tief unterhöhlt hat. Vorsicht sei jedem Wanderer geraten, der einmal in die Tiefe blicken möchte. Oftmals ist das Ufer bereits so stark ausgewaschen, daß nur noch eine dünne Decke aus Wurzelgeflecht meterweit über den Abgrund ragt. Ein Schritt darauf kann zum Absturz führen, zumal solche Gefahrenstellen von oben nicht zu erkennen sind.

Moderne Swantevitstatue auf Arkona

Auch das **Burggelände** verliert auf diese Art und Weise von Jahr zu Jahr mehr Boden, und der Tag ist abzusehen, an dem auch die letzten Teile des Walls für immer verschwunden sein werden. Auf dem alten Burggelände werden deshalb heute Notgrabungen vorgenommen. Vieles haben die Wissenschaftler noch vor dem Absturz bergen können. So hat man alte Burgbrunnen entdeckt, die im Belagerungsfall lebenswichtig für die Verteidiger waren. Im Sommer 1997 ist der Archäologe Peter Herfert auch auf die Stelle gestoßen, auf der der Tempel gestanden hat. Sie war bislang nicht genau bekannt.

Hinter dem schützenden Wall begegnet uns die Geschichte auf Schritt und Tritt. Hier verteidigte das stolze Volk der Ranen den letzten Rest der Freiheit, den es sich mutig kämpfend über Jahrzehnte hinweg bis zum Jahre 1168 hatte bewahren können. Mit der endgültigen Erstürmung des Walls durch die Dänen kam das Christentum nach Rügen, seit dieser Zeit lebten die Menschen hier aber auch in Unfreiheit und verloren nach und nach ihre Eigenständigkeit und Kultur als slawisches Volk.

Vitt – Heringsfang und Gottesdienst

Zwischen dichten Vogelhecken, in denen auch der Sprosser, die »nordische Nachtigall«, nistet, führt uns nun der Weg in Richtung Süden. Immer wieder öffnet sich der Blick über das Meer mit weißschäumenden Wogen, die scheinbar spurlos in den Ufersteinen versinken. Hier ist das Ostseewasser so sauber, daß man am Grund Steine und Seetang deutlich erkennen kann. Bei starken Stürmen wühlt das Meer die am Boden lagernde Kreide so stark auf, daß die See in der Nähe der Küste weiß aussieht. »Kreidemilch« nennen die Einheimischen diese Erscheinung, die sich weiter draußen mit dem satten Blau des Tiefwassers vermischt.

Wer an gutes Schuhwerk gedacht hat, kann gleich hinter dem Burgwall auf einer Treppe zum Strand hinuntersteigen. Dort führt der Weg auf rasselnden Feuersteinen entlang, und der Wanderer wird für seine Mühe mit dem unmittelbaren Kontakt zu den anrollenden Wogen belohnt. Wenn er Glück hat, findet er sogar Versteinerungen, die das Meer an den Strand wirft und die ein kostbares Andenken an die Insel sind.

Nach einer zwei Kilometer langen Wanderung auf der Steilküste sieht man plötzlich eine kleine weiße **Kirche**, die scheinbar einsam inmitten der Landschaft steht. Achteckig ist das rohrgedeckte Gebäude; ungewöhnlich wie alles, was wir in der nächsten Stunde sehen und erleben werden. Pastor Kosegarten ließ 1806 die Kirche bauen. Das war notwendig, weil die Fischer von Vitt in der Heringszeit ihre Posten nicht verlassen konnten, um am Gottesdienst in Altenkirchen teilzunehmen. So mußte der Pastor zu ihnen kommen und sprach dort oben auf dem Steilufer zu seiner Gemeinde. Die Weite der Landschaft und das unten anbrandende Meer müssen ein tief beeindruckendes Bild für die kleine Gemeinde gewesen sein. Die **Uferpredigten** des literarisch gebildeten und sprachgewaltigen Pastors Kose-

Die kleine Kapelle am Hochufer von Vitt

garten waren sehr berühmt, und man pflegt noch heute diese alte Tradition. Doch nicht immer war das Wetter dem Pastor günstig gesonnen. Deshalb ließ er mit Hilfe der schwedischen Regierung 1806 das kleine Gotteshaus errichten. Die schwarzen Flügel der hohen, geteerten Fensterläden betonen die Ungewöhnlichkeit des Gebäudes. Gehen wir hinein in den kleinen hellen Raum. Schlichte, naturbelassene Holzbänke und einfache Steinplatten auf dem Boden finden wir. Der Kanzelaltar stammt aus dem Jahre 1882, ein gußeisernes Kruzifix aus dem Entstehungsjahr der Kirche, und wie schon in Altenkirchen finden wir auch hier eine Kopie des Gemäldes »Christus rettet den im Meer versinkenden Petrus«.

Hauptschmuck der Kirche ist das große **Gemälde** an der Rückwand, bewegend und mahnend zugleich. Der italienische Maler Gabriele Mucchi war begeistert von der kühlen Schönheit des Nordens und malte 1990 eine Fischergruppe, die besorgt zu einigen Schiffen hinausblickt, die an einem Sturmtag in Seenot geraten sind. Hilfe zu leisten ist für die Küstenbevölkerung eine Selbstverständlichkeit. Die Menschen wissen aber auch, daß sie mit einem einfachen Fischerboot gegen die tobende Brandung ankämpfen müssen, und das kann das Leben kosten. Links im Bild stehen die Jungen. Sie werden ihr Leben für die Seeleute auf dem Meer einsetzen müssen. Rechts stehen die Alten. Sie können ihren Söhnen nur noch mit Rat und Erfahrung helfen. In der Mitte sehen wir die hilflosen Frauen und Kinder. Ihnen bleibt nur das Warten und Beten. Überragt wird die Szenerie vom Heiligen Christophorus, der Christus über das Wasser trägt.

An der Kirche vorbei führt ein schmaler Weg bergab, und plötzlich sehen wir sie in der Uferliete stehen, die 13 rohrgedeckten Häuser von **Vitt**, dicht aneinandergebaut, als wollten sie sich gegenseitig vor den rauhen Weststürmen schützen. Nur 27 Einwohner zählt das kleine Dorf mit der reichen Tradition, das inzwischen von der UNESCO unter Denkmalschutz gestellt worden ist. Im 14. Jahrhundert wurde in der »Großen Vitte auf Wittow« wie an vielen anderen Stellen auf der Halbinsel der frischgefangene Hering in Tonnen eingesalzen und verkauft. Noch heute räuchern die Fischer unten am Strand ihren Fisch in großen Tonnenöfen: Heilbutt, Lachs oder Bückling, frisch und warm aus der Räuchertonne, werden hier in dieser Umgebung zum Hochgenuß, den man am besten mit dem »Arkona-Feuer«, einem echten rügenschen Schnaps, beschließt.

Am Nordstrand von Wittow

Wenden wir uns auf Kap Arkona nach Westen, erreichen wir die wirkliche Nordspitze Rügens. Vom Leuchtturm aus führt ein gut beschilderter Wanderweg an der Steilküste entlang, und genau an der Stelle, an der eine neuerbaute Treppe zum Wasser hinunterführt, liegt **Gellort**. In unmittelbarer Nähe finden wir einen der größten Findlinge Rügens, den Sieben-Schneider-Stein – denn sieben Schneider sollen auf ihm Platz finden, um darauf ihrem Handwerk nachzugehen. Schwere, grünbemooste Steine bedecken den Ufersaum, grell kreischende Möwen fliegen über dem einsamen Ort. Je weiter wir aber von Gellort in Richtung Westen wandern, desto schöner wird die Landschaft. Hier finden wir auch die größten und beliebtesten Campingplätze des Nordens. Unter den Naturfreunden gelten **Nonnevitz** und **Bakenberg** als Geheimtip für einen unbeschwerten Ostseeurlaub mit Zelt oder Wohnwagen. Auch Urlaubersiedlungen entstehen in dieser Landschaft, rügentypisch und naturnah. Die Nordstrände sind feinsandig, weitgehend steinfrei, und die See bietet den Badenden eine herrliche Brandung.

Fünfzehn Kilometer Küstenweg sind es, will man zu Fuß oder mit dem Fahrrad von Gellort nach **Dranske** gelangen, einen Ort an der Ostseeküste, der alle Vorzüge als Urlauberparadies besäße, hätten ihm nicht die geschichtlichen Ereignisse Stempel aufgedrückt, die nicht so leicht zu übersehen sind. Nur hundert Meter breit ist die Landzunge an ihrer schmalsten Stelle zwischen dem Wieker Bodden und der Ostsee, dafür gibt es auf 10 km Länge Urlaubsgebiete mit einsamen Stränden, Wald und Stille, aber…

Der Name Dranske steht seit der Jahrhundertwende für die Präsenz des Militärs. Die kaiserliche Marine errichtete hier einen Seefliegerhorst. 1936 ließ dann die Wehrmacht einen Teil des Dorfes abreißen und Zweifamilienhäuser für Offiziere und Ausbildungspersonal bauen. Der Flugbetrieb lief weiter. Der NVA (Nationale Volksarmee) der DDR war es vorbehalten, dieses Gebiet weiterhin für militärische Zwecke zu nutzen und auszubau-

Vorhergehende Doppelseite: Blick auf das Fischerdorf Vitt

Am Strand von Nonnevitz

en. In den 60er Jahren wurden Torpedo- und Raketenschnellboote stationiert. Hierfür und für den Bau von Kasernen nutzte man den **Bug**, einen langgestreckten Nehrungshaken südwestlich von Dranske. In Dranske selbst entstand eine große und für DDR-Zeiten moderne Wohnsiedlung mit 15 Wohnblöcken und 1200 Wohnungen.

Nach der Auflösung der NVA hat Dranske nur eine Perspektive: ein Urlauberort von Rang zu werden. Bürger und Verwaltung tun alles, um dieses Ziel zu erreichen, und Urlauber, die als Naturfreunde in den Norden Rügens reisen, werden hier zweifellos auf ihre Kosten kommen. Im Ortsteil Dranske-Lancken entstehen Sportanlagen auf ehemaligen militärischen Flächen, wie Großfußballplatz, Bowlingbahnen, sowie auch ein Golfplatz. Auf der Landzunge des Bug sind ein neues Feriengebiet und eine Marina in Planung. Der Hafen für etwa 400 Segelyachten und mit 2.000 Übernachtungsmöglichkeiten wird so groß sein, auch Fahrgastschiffe und Kreuzfahrtschiffe aufzunehmen.

Wiek – Honigort auf Wittow

Nur etwa acht Kilometer entfernt von Dranske liegt am gegenüberliegenden Ufer des Wieker Boddens die Ortschaft **Wiek**. Dieses Dorf hieß zu slawischer Zeit ›Medow‹, und das bedeutet Honigort. Um 1200 siedelten sich hier Menschen aus Niedersachsen an, und Wiek entwickelte sich zum größten Ort auf Wittow. Freie Bauern, Fischer, Handwerker und vor allem Schiffer führten den günstig gelegenen Ort zu Wohlstand. Nach 1300 wurden jedoch 75% der Bewohner zu Leibeigenen.

Schon im Mittelalter war Wiek der wichtigste Hafen auf der Halbinsel Wittow, und bei Kuhle fanden die Frachtsegler ihren Winterhafen. Jahrhunderte später war der Bootsbau in Wiek, der hervorragende Sportboote jeder Größenklasse für den Export produzierte, weit über die Grenzen der damaligen DDR hinaus bekannt.

1930 entstand eine große Kinderferienanlage mit 26 Häusern in Blockbauweise, und Kinder aus ganz Deutschland fanden hier Erholung und schöne Ferien. Dieses Heim hat seine Bedeutung auch heute noch nicht verloren. Zur Zeit ist man in Wiek darum bemüht, durch Modernisierung und den Bau neuer Unterkünfte Anschluß an die Badeorte Südostrügens zu gewinnen.

Ungewöhnlich groß ist die spätgotische **Backsteinkirche,** denn Wiek war einst – gleich nach der Hauptstadt Garz – der zweitgrößte Ort auf Rügen. Zwei Chorjoche und vier Langhausjoche gliedern den kreuzrippengewölbten Innenraum der breiten Hallenkirche. Getrennt wird der Chorraum für die Geistlichkeit vom Gemeinderaum durch den Lettnerbalken, auf ihm als verbindendes Element der Gekreuzigte (1300), darunter Maria und Johannes (1500). Das älteste Ausstattungsstück in der Kirche ist die Fünte (um 1250). Der Altaraufsatz stammt aus der Werkstatt Michel Müllers aus Stralsund (1747), während die Kanzel erst 1826 angebracht wurde.

Die spätgotische Kirche von Wiek

An den Wänden hängen Epitaphien und Porträts von Mitgliedern der führenden Adelsfamilien (von der Lancken, von Bohlen, von Platen, von Barnekow) und einiger Pastoren.

In der Kirche finden wir auch den hölzernen **St. Georg** zu Pferde. Er trägt langes Haar und ein geöffnetes Visier. Wahrscheinlich ist die Figur im Laufe der Jahrhunderte beschädigt worden, denn man hat die Beine des Pferdes etwas primitiv wieder ergänzt. Der Ritter St. Georg soll die Bauern auf Wittow von einer großen Maulwurfsplage befreit haben, weshalb man ihm zu Ehren dieses hölzerne Reiterstandbild anfertigen ließ.

Die Sage von den Maulwürfen auf Wittow

Vor etlichen Jahren gab es auf Wittow so viele Maulwürfe, daß sie zu
einer richtigen Landplage wurden. Die Saatfelder waren durch die
vielen Gänge dieser Tiere völlig unterhöhlt, so daß die jungen Pflänz-
chen abstarben. Die Bauern konnten wegen der Maulwurfsplage ihre
Wiesen nicht mehr mähen, die Gemüsebeete, um- und umgewühlt,
boten ein trostloses Bild der Zerstörung. Alle Gegenmaßnahmen blieben erfolglos, und die Einwohner des nördlichsten Teils unseres
Rügenlandes klagten über die große Not.

Da kam eines Tages ein niemandem bekannter Reitersmann in Ritter-
kleidung nach Wiek, bat bei dem dortigen Gastwirt um ein Nacht-
quartier und nahm an einem abseits in der Gaststube stehenden Tisch
Platz. Am Abend füllte sich die Schenke mit Gästen, unter denen auch
die Bauern von Wiek samt ihrem Schulzen vertreten waren. Das Haupt-
thema war wiederum die Maulwurfsplage.

Da trat unvermittelt der Fremde an ihren Tisch und sagte: »Ich ken-
ne Eure Not, und wenn Ihr mir ein ehrendes Andenken bewahren
werdet, will ich Euch, solange dies geschieht, die Maulwürfe vom
Halse schaffen. Sie sollen von Eurer Halbinsel verbannt sein!« Die
Bauern sahen sich gegenseitig erstaunt an, und keiner wußte, was er
dem Ritter entgegnen sollte. Der rief den Wirt, bezahlte seine Zehr-
und Übernachtungskosten und begab sich zur Ruhe. Am nächsten
Morgen in aller Frühe war er verschwunden, keiner hat jemals wieder etwas von ihm gehört oder gesehen. Unter den Maulwürfen aber
brach ein großes Sterben aus, und kein einziger blieb übrig bis auf
den heutigen Tag.

In der Bevölkerung aber verbreitete sich der Glaube, daß der geheimnisvolle Reitersmann der Ritter St. Georg selbst gewesen sei,
der die Maulwürfe von Wittow verbannt habe. Als Zeichen ihrer Dankbarkeit beauftragte die Einwohnerschaft von Wiek einen in der Gemeinde ansässigen Bildschnitzer,
der an dem erwähnten Abend
auch in dem Dorfkrug gewesen war, ein Reiterstandbild
des Fremden anzufertigen
und in der Wieker Kirche
aufzustellen. Dort steht es
seit Anfang des 15. Jahr-
hunderts, und Maulwurfs-
hügel sind bis heute nicht
auf Wittow zu finden.

Tour 3 – Unterwegs im Südwesten Rügens

3. Unterwegs im Südwesten Rügens

Ungefähr 65 Kilometer lang wird diese Wanderung werden und uns manches erschließen, was der traditionelle Urlauber nicht oder nur am Rande erlebt. Ältere und neuere Bäder wie Lauterbach und Binz werden wir besuchen, durch Putbus, »das italienische« Rügen, schlendern und mit bedeutenden Zeugnissen deutscher Geschichte konfrontiert werden, z.B. in Groß Schoritz, Garz und Prora. Doch auch die besonders romantischen Fleckchen Erde Rügens, beispielsweise auf der Insel Vilm und in dem Dörfchen Swantow, sollte jeder Urlauber erkunden.

Prora – Im Schatten von Binz

Beginnen soll diese Wanderung im größten Badeort der Insel, in **Binz**. Zum ersten Mal wurde der Ort 1318 urkundlich als ›Byntze‹ erwähnt. Das kleine Fischer- und Bauerndorf lag an der Ostseite des Schmachter Sees, der damals noch einen offenen und sogar schiffbaren Ausfluß in die Ostsee besaß. So war dieses Gewässer für die Fischer von Binz ein idealer Naturhafen, in dem die Boote geschützt vor den Nordost-Stürmen lagen. Nahe der Ostsee stand ein einzelnes Gehöft, das den Namen Aalbeck trug, und so sprach man zunächst auch nicht von Binz, sondern nannte den Ort Aalbeck. 1867 wurde Binz von etwa 182 Bauern und Fischern bewohnt und gehörte zur Herrschaft Putbus.

Für seine adligen Badegäste in Lauterbach ließ der Fürst zu Putbus am Strand von Binz Badehütten aufstellen, und so badete man zu Beginn des 19. Jahrhunderts statt im Bodden bereits in den Wogen der Ostsee. Diese

Das Kurhaus von Binz nach der Jahrhundertwende

frühen Gäste wurden mit Kutschen auf der alten Putbusser Landstraße an die Ostküste gebracht. Um 1870 fanden sich dann die ersten nichtadligen Badegäste in Binz ein. Sie kamen vorwiegend aus dem Bürgertum und suchten hier nach dem Großstadtleben eine heile Welt der Sommerfrische. Untergebracht wurden sie in privaten Zimmern oder im Dorfgasthof. In jener Zeit waren es noch etwa 80 Gäste pro Jahr, doch sehr bald sprachen sich die Schönheit der Landschaft und der Strände herum, und der Strom der Urlauber riß bereits einige Jahre später nicht mehr ab. Die ersten Hotels am Strand wurden 1876 errichtet, und damit begann der systematische Ausbau des Bade- und Kurortes, der bis in die heutige Zeit andauert.

Ein Ostseebad, das im Blickpunkt der Öffentlichkeit steht, kann leicht für politische Zwecke mißbraucht werden. So erging es auch Binz im Sommer 1935. Nachdem Adolf Hitler 1933 die Gewerkschaften aufgelöst hatte, gründete er eine streng politisierte Organisation, die »Deutsche Arbeitsfront«. Eine ihrer Unterabteilungen war **»Kraft durch Freude«**, die sich mit der Freizeitgestaltung »aller schaffenden Deutschen« beschäftigen sollte. Im Rahmen dieser Organisation ließ der Führer der »Deutschen Arbeitsfront«, Robert Ley, große Luxusschiffe bauen, die sogenannten KdF-Schiffe. Plötzlich erschienen einfache deutsche Arbeiter auf Kreuzfahrtschiffen unter der Hakenkreuzflagge vor den norwegischen, spanischen oder afrikanischen Küsten – und das nach einem verlorenen Krieg und einer verheerenden Wirtschaftskrise. Das erregte Aufsehen und war zudem ein genialer Plan, um das Ausland von den wahren Absichten Hitlers abzulenken. Diesem Gedanken weiter folgend, wurde der Bau von fünf KdF-Bädern in Deutschland mit einer Kapazität von je 20.000 Urlaubern beschlossen.

Die KdF-Anlage von Prora nach einem Modell aus dem Jahre 1936

Bereits am 2. Mai 1936 wurde der Grundstein am Strand der Prorer Wiek nördlich von Binz gelegt. Auch wenn der Chefarchitekt Clemens Klotz aus Köln für seinen Entwurf auf der Pariser Weltausstellung den Grand Prix erhielt, für das Landschaftsbild Rügens bahnte sich eine tiefgreifende Veränderung an.

Innerhalb von drei Jahren entstanden acht sechsstöckige Bauten von je 500 Metern Länge. In der Mitte dieser Anlage sollte ein Hafen eine bequeme Anreise zum KdF-Bad ermöglichen. Im Zentrum befanden sich auch die Festhallen und Aufmarschplätze für politische Großkundgebungen. 1941 sollte die Badestadt eröffnet werden, doch mit Beginn des Überfalls auf Polen im September 1939 geriet das Vorhaben sehr bald in die zweite Reihe der kriegsnotwendigen Bauten, und im Jahre 1942 wurde die Arbeit daran endgültig eingestellt. Die Arbeiter wurden an die Front geschickt und eine 4500 Meter lange, graue, nur rohbaufertige Bastion verunstaltete nun die Küste an einem der schönsten Landschaftsstreifen auf Rügen.

Von 1945 bis 1947 nutzte die Sowjetarmee das riesige Terrain, machte dann aber der neugegründeten Kasernierten Volkspolizei Platz. Die Häuserblocks wurden zu Kasernen ausgebaut und dienten der Ausbildung militärischer Einheiten. Zwei bereits zuvor gesprengte Gebäude, deren Ruinen noch heute anklagend aufragen, wurden zum Häuserkampf-Training genutzt.

Von 1956 bis 1981 diente das gesamte Objekt als Kaserne der Nationalen Volksarmee und bis 1990 auch zur Unterbringung einer Militärtechnischen Schule. Besonders diese Zeit war für Binz außerordentlich belastend, denn das Artillerieschießen, das Rollen der Panzer und die Übungen der Luftstreitkräfte vertrugen sich natürlich nicht mit dem Erholungsbedürfnis der Urlauber im benachbarten Badeort.

Heute gilt es, dieses Objekt, von den Einheimischen auch als »Monster von Rügen« bezeichnet, nach besten Möglichkeiten zu nutzen. Die Pläne sehen Ferienhäuser, Sportanlagen, eine Meeresschwimmhalle und kulturelle Bauten vor. Inzwischen sind hier verschiedene kulturelle Einrichtungen in Form von Museen und Ausstellungen geschaffen worden.

Alles das kann aber nur provisorischen Charater haben, da das letzte Wort über die Zukunft des gesamten Komplexes noch nicht gesprochen ist.

Über Groß Stresow und Vilmnitz nach Putbus – das »italienische« Rügen

Unsere erste Reisestrecke führt auf der Alten Putbusser Landstraße von Binz in Richtung Putbus. Sehr bald tauchen wir in die herrlichen Alleen ein, die im Sommer Schatten spenden und sich im Rauhreif des Winters in wahre Märchenstraßen verwandeln. Etwas mehr als acht Kilometer von Binz entfernt liegt am Ufer der Stresower Bucht das Dörfchen **Groß Stresow**. Noch vor wenigen Jahren konnte man hier eine eigenartige Erscheinung beobachten. Scheinbar über den Bäumen eines Haines schwebend, stand in gebieterischer Haltung der Preußenkönig Friedrich Wilhelm I. auf einer hohen Granitsäule und blickte über eines seiner ehemaligen Schlachtfelder hinweg.

Am 15. November 1715 war der »Alte Dessauer« mit starken preußischen und dänischen Streitkräften in der Bucht von Groß Stresow gelandet und schlug die schwedischen Truppen durch ein überraschendes Manöver in die Flucht. Und noch vor wenigen Jahrzehnten stand unten am Ufer des Boddens ein Katen, der im Volksmund »Das Verräterhaus« genannt wurde.

Von hier aus hatte ein Bewohner des Dorfes den Preußen Zeichen gegeben und so die überraschende Landung von 20.000 Mann erst ermöglicht. Der Mann wurde von seinen Landsleuten später geächtet und vertrieben. Um sein Haus aber ranken sich noch heute viele dunkle Geschichten. Leider gibt es dieses Haus heute nicht mehr und auch den alten König auf seiner Säule wird man vergeblich suchen. Er liegt, teilweise demontiert, in der Werkstatt eines Restaurators und wird wohl den Rest seines Daseins in irgendeinem Museum verbringen, und zwar gegen den Willen der Dorfbewohner, die sich in einem Verein dafür engagieren, daß das Denkmal vernünftig restauriert und wieder an seinem ursprünglichen Platz aufgestellt wird.

Eine Wanderung durch das kleine Dörfchen am grünen Hang zum Meer lohnt sich, und von hier aus führt auch ein wunderschöner, ungefähr sechs Kilometer langer Naturpfad in Richtung Lauterbach.

Unser Weg führt uns unter den schattigen Alleebäumen hindurch auf einer gut ausgebauten Straße knapp zwei Kilometer weiter nach **Vilmnitz**. Schon aus größerer Entfernung sieht man den stattlichen Kirchturm. Kommt man näher, wird man beim Anblick der Kirche und des sie umgebenden Friedhofs in die Vergangenheit zurückversetzt: das schön geschmiedete Gitter des Kirchhoftores, das tiefgeduckte Küsterhaus, klein aber freundlich, und dahinter die mächtige **Kirche**. Ihre Größe entspricht ihrer Funktion als Begräbniskirche der Fürsten von Putbus, deren Särge noch heute unter der Kirche in einer Gruft stehen. Der Chor, verziert durch eine romanische Rundbogentraufleiste, wölbt sich besonders hoch über dem Besucher. An der Südwand befindet sich eine Priesterpforte mit aufwendig gestalteter Umrahmung. Von der frühen Bauzeit des Chores zeugen die im Mauersockel vermauerten behauenen Feldsteine. Der kleine Anbau an der Südwand enthält die Treppe zur Patronatsloge. Von dort blickt man auf die Kanzel, ein Werk von Hans Broder aus Stralsund (1708–1709). Eine Moses-Statue stützt den Kanzelkorb mit den vier Evangelisten. Besonders wertvoll sind die auffälligen Epitaphien, 1599–1601 von Klaus Midow geschaffen. Sie zeigen Mitglieder der Familie von Putbus. Auch der Altar aus Sandstein (1603) stammt von Midow und zeigt im Sockel das heilige Abendmahl, zwischen den Säulen die Kreuzigung und über dem Architrav die Auferstehung.

Wir setzen unsere Fahrt fort und erreichen nach drei Kilometern die alte Fürstenresidenz **Putbus**, die wohl außergewöhnlichste Stadt Rügens. Verblüfft wird der Besucher innehalten, wenn sich plötzlich das weite Rund des **Circus** vor ihm öffnet, den Fürst Wilhem Malte I. 1828 am Stadteingang anlegen ließ. Bei aller Großzügigkeit wirkt dieser kreisrunde repräsentative Platz nicht protzig, sondern paßt sich mit seinen umstehenden weißen Häuserfassaden der edlen Schlichtheit des Fürstensitzes an. Rosen schmücken die klassizistischen Bauten, unter denen der Gebäudekomplex des ehemaligen **Pädagogiums** herausragt. Doch Wilhelm Malte I. von

Blick auf den kreisrund angelegten Circus von Putbus

Putbus (1783–1854) war nur der Gründer der Residenz. Bereits sehr früh, etwa im 12. Jahrhundert, befand sich hier eine slawische Burganlage, aber erst 1371 wird das sogenannte »Steinerne Haus« erwähnt, und dieses Haus war der Ausgangspunkt für das spätere Residenzschloß, das nach vielen Umbauten und einem Wiederaufbau nach 1865 schließlich 1960 abgerissen und gesprengt wurde. Nur noch die Reste der Terrassenanlage an der Ostseite des Schwanenteiches erinnern an den einstigen Fürstensitz.
Ab 1810 ließ Wilhelm Malte I. das Dörfchen Putbus planmäßig zur Residenz ausbauen. Dabei mag ihn wohl seine Vorliebe für italienische Architektur beeinflußt haben, denn die Stadt ist heute ein Musterbeispiel für den klassizistischen Baustil. Architekten des Kreises um Schinkel, vielleicht auch Schinkel selbst, waren an der Planung und dem Bau der Stadt beteiligt, während das **Schloß** durch den Berliner Architekten Johann Gottfried Steinmeyer 1827–1832 im klassizistischen Stil umgebaut und erweitert wurde. Bis 1945 diente es als Wohnsitz der Fürstenfamilie.
Ein besonderes Kleinod des Städtchens ist das fürstliche **Theater**, ein zweigeschossiges Gebäude mit einem Säulenportikus. Als Hoftheater wurde es 1819–1821 vermutlich nach Plänen von W. Steinbach in der Alleestraße erbaut. Zwei hufeisenförmige Ränge geben dem Theater etwas fast Großstädtisches, und dennoch vermittelt der intim gehaltene Innenraum ein enges Miteinander von Schauspielern und Publikum. Die Restaurierungs-

arbeiten am Theater sind abgeschlossen. Das Theater ist wieder zum kulturellen Mittelpunkt Rügens geworden.

Die einzigartige **Parkanlage** von Putbus ist aus einem Barockgarten hervorgegangen, der 1725 nach dem Vorbild von Sanssouci angelegt wurde. Aus ihm erwuchs dann zwischen 1804 und 1819 der weitläufige Landschaftspark nach englischem Vorbild. Er wurde 1870 nach Süden und Osten erweitert. In dieser Anlage finden wir eine beeindruckende Fülle von Baumarten, die hier, klug vorausgeplant, in Gruppen zusammengefaßt wurden. Der einzigartige Landschaftspark gilt heute mit 75 ha als der größte in Norddeutschland. Erwähnenswert ist schon am Eingang die domartig wirkende Allee aus riesigen Linden. Der Besucher kann dann vor den uralten Eichen stehenbleiben, unter denen schon Bismarck, Wilhelm von Humboldt und sicher auch Gerhart Hauptmann gesessen haben. An der Südseite der Anlage wurde ein großzügig geplanter Wildpark angelegt. Hier tummelt sich neben munteren Damhirschen auch ein starkes Rudel Rothirsche. Die große Rasenanlage in der Mitte des Parks wurde eingerahmt vom Schloß; ihm gegenüber befindet sich auf der Schloßwiese das **Denkmal Wilhelm Maltes I.** und auf den beiden Langseiten die Orangerie und der Marstall. Statt des Schlosses bietet sich dem Betrachter heute ein herrlicher Blick über den Schwanenteich.

Das Marmorstandbild für Wilhelm Malte I. wurde im Auftrag seiner Frau, der Fürstin Louise, 1859 von dem Berliner Bildhauer Friedrich Drake geschaffen. Es zeigt den Fürsten in Überlebensgröße in zeitgenössischer Klei-

Das Theater von Putbus vom Park aus gesehen

dung. Die vier Reliefs am Sockel erinnern an bedeutende Geschehnisse in seinem Leben: Seine Taten als Kriegsheld werden an der rechten Seite gezeigt, während auf der Stirnseite seine Verdienste als Lehrer der Jugend einen hervorragenden Platz bekamen. Das linke Relief stellt die Krönung des Grafen durch den Schwedenkönig zum Fürsten von Putbus dar, während ihn die Rückseite als Bauherren rühmt. Hier finden wir den Architekten Schinkel vor einem Plan des Jagdschlosses Granitz, ihm zur Seite der Maler Kolbe und der Bildhauer Thorvaldsen.

Die **Orangerie** an der Nordseite wurde 1824 erbaut und schmückt in ihrem leuchtenden Weiß den baumbestandenen Hang. Die Restaurierung der Orangerie ist abgeschlossen. Einheimische und auswärtige Künstler gastieren hier.

Marmorstandbild für den Fürsten Wilhelm Malte I.

Ihm gegenüber, fast vollständig eingehüllt vom Grün und Rot der Bäume, flankiert der langgestreckte **Marstall** den weiten Platz. Der stark verfallene Bau wurde nach der Wende mit großem Aufwand restauriert und zum »längsten Theater Deutschlands« ausgebaut. Hier findet seit 2001 alljährlich das Putbus-Festival statt.

Nicht zuletzt muß die **Schloßkirche** mit ihrer ein wenig ungewöhnlichen Karriere genannt werden. In den Jahren 1844–1846 wurde das Gebäude als Kursalon und Tanzstätte von Steinmeyer und Stüler erbaut. Als Putbus, dessen Kirchdorf ursprünglich Vilmnitz war, nun selbst Kirchengemeinde wurde, brauchte man auch eine eigene Kirche. So wurde der Kursalon in den Jahren 1891/92 umgebaut. Er erhielt einen dreistufigen Turm im Stil eines italienischen Kampanile und breite Fenster. Seit etwa hundert Jahren hat Putbus damit seine eigene Kirche, die Christuskirche.

Über Lauterbach zur Insel Vilm

Eine besonders reizvolle Wanderung führt von Putbus aus nach Lauterbach, auf die Insel Vilm und nach Wreechen. Alle drei Ziele gehören nicht zu den blitzenden und funkelnden Sensationen der Insel, sondern zu den Paradiesen für Menschen, die das Träumen noch nicht verlernt haben. Durch schattige Alleen, leider schon ein wenig mit nüchternen Einkaufszentren verbaut, geht es nur zwei Kilometer in Richtung Südosten. Hier, in dem kleinen Ort **Lauterbach**, empfängt den Binnenländer genau die Hafenatmosphäre, die er sich an der Küste erträumt hat.

Nach Sassnitz besitzt Lauterbach den zweitgrößten Hafen auf der Insel. Und doch hat er seine stille Freundlichkeit bewahrt und sich nicht dem hektischen Getriebe anderer Häfen angepaßt. Kleine und große Passagierschiffe erwarten den Gast, von einem Räucherkutter streifen duftende Wolken herüber. Hinter der Mole wiegen sich schlanke Jachten, ein paar Fischer stehen am Bollwerk und pucken die letzten Heringe aus dem Netz, und von der Bootswerft ertönt das Kreischen der Sägen.

Für das nächste Vorhaben müssen wir uns bei der Reederei Lenz (Tel. 038301-61896) anmelden, denn eines der kostbarsten Naturschutzgebiete Deutschlands, die berühmte **Insel Vilm**, ist nicht frei zugänglich. Die einmalige Landschaft braucht Ruhe, die nicht pausenlos gestört werden darf. Wie ein Wal liegt die fast ein Quadratkilometer große Insel vor uns im Rügenschen Bodden, der Große Vilm und der Kleine Vilm, verbunden durch eine schmale Nehrung, den Mittel-Vilm. »Malerinsel« nannten unsere Vorfahren das Eiland im Rügenschen Bodden, und unzählige Gemälde und Zeichnungen vom Vilm füllen inzwischen die Galerien und Ausstellungen. Zur Dänenzeit (1336) soll hier eine Kapelle gestanden haben. Einsiedler lebten dort als Prediger des Gotteshauses »Zur Jungfrau Maria und den elftausend Jungfrauen«. Von all dem ist nichts mehr erhalten geblieben. In der Zeit der Romantik zog das einmalige Inselchen auch Caspar David Friedrich und seine Freunde an. Später entstand ein Logierhaus für die Gäste.

Schon 1936 wurde die Insel unter Naturschutz gestellt, und auch zu DDR-Zeiten war der Vilm gesperrt. Mit einer Ausnahme: Die DDR-Regierung hatte hier ein Feriendomizil für hohe Staatsfunktionäre errichten lassen. Es stand glücklicherweise nicht im geschützten Gebiet, sondern auf dem Akkerland des Bauern, der früher hier seinen Hof hatte. Heute befindet sich auf der Insel eine **internationale Naturschutzakademie**, in der Wissenschaftler von Rang bemüht sind, die Regeln zu entdecken, die wir brauchen, damit die Menschen ihre natürliche Umwelt nicht selbst zerstören.

Am einsamsten ist es auf dem Vilm im Winter, wenn die knorrigen Eichen düster in den grauen Himmel ragen und Wasservögel zu Tausenden die noch wenigen offenen Wasserstellen nutzen. Dann frißt sich krachend der Eisbrecher durch das Gewirr der Schollen und bringt den ständigen Bewohnern der Insel alles, was sie zum Leben und Arbeiten brauchen. Nur ab und zu besuchen ein paar Gäste, über das Eis wandernd, die einsame Insel im Rügenschen Bodden. Jeder sollte die Beschränkungen für einen Besuch der Insel Vilm akzeptieren, denn dieses einmalige Ländchen braucht

Rechte Seite: Geschütztes Naturparadies Insel Vilm

Im Hafen von Lauterbach

nicht in erster Linie Touristen, sondern Ruhe und Schutz, um in seiner ganzen Schönheit erhalten zu bleiben.

Wer nach kurzem Aufenthalt Lauterbach wieder verläßt, ahnt kaum, daß die kleine Promenade in Richtung Süden nach drei Kilometern Eingang zu einem kleinen Paradies ist. Freundliche Häuser säumen die rechte Seite des Weges, der sich an der Küste des Boddens entlangschlängelt. Bunte Boote zerren an den Leinen, Möwen sitzen mit den weißen Köpfen in Windrichtung auf der Reling. Auf der gegenüberliegenden Seite erhebt sich dunkel die Insel Vilm über den Wellen und irgendwo duftet es nach gebratenem Hering. Ohne Übergang sind wir in **Neuendorf** und kurz darauf in **Wreechen**. Hier gibt es einen kleinen Strand, eine Allee von Kopfweiden zieht sich bis zum Wald, und rohrgedeckte Fischerhäuser spähen über den Schilfgürtel zum Ufer. Ein typischer Küstenwald mit einer kleinen Steilküste nimmt uns auf, und bald darauf öffnet sich der Blick über weite Salzwiesen bis hinüber zu einer kleinen Brücke, hinter der eine Gaststätte zu einer Rast einlädt. Wir treten ein und – sind plötzlich bei Kapitän Nemo auf seiner Nautilus zu Gast. Lassen Sie sich überraschen!

Garz – Älteste Stadt auf Rügen

Nun geht es über Putbus in Richtung Garz. Kaum haben wir den Park von Putbus und einen schmalen Waldstreifen hinter uns gelassen, sehen wir fruchtbares Ackerland, umgeben von Weiden und kleinen Wäldchen. Reiche Bauerndörfer gibt es hier. So erreichen wir nach vier Kilometern **Kasnevitz**. Schon die hoch aufragende Kirche mit dem spitzen Turm zeigt den Wohlstand des Dorfes an. Von hier aus kommen wir in das Gebiet mit den schönsten Alleen ganz Rügens. Bis zum Boden reicht an beiden Seiten der Straße die grüne Wand. Allerdings mahnt er den Kraftfahrer auch zur Vorsicht, denn hier ist auch tagsüber das Fahren mit Licht unbedingt angebracht. Nach weiteren fünf Kilometern erreichen wir **Garz** (slaw. ›Gardec‹ = ›Burg, Schloß‹), das einstige Wirtschafts- und Verwaltungszentrum der Insel Rügen. Behäbig und traditionsbewußt wirkt die alte Landstadt. Hier kreuzten sich früher zwei wichtige Handelsstraßen. Bereits 1319 wird Garz in einer Urkunde als Stadt bezeichnet, und am Stadtrand erhebt sich noch heute der Wall, in dessen Rund die hölzerne Burg der Rügenfürsten stand, eine der am besten erhaltenen Wallanlagen Norddeutschlands. Nichts weiter als dieser Wall zeugt noch von der früheren Macht dieser Burg, in der rügensche Fürsten 1234 die Gründungsurkunde der späteren deutschen Kaufmannsstadt Stralsund unterzeichneten.

Zwei Siedlungen entstanden unterhalb des Walles, Garz und Wendorf. In Garz siedelten sich deutsche Siedler an, Wendorf, »das Wendendorf«, war für die slawischen Bauern und Fischer vorgesehen. Die Stadt besaß keinen ausgewiesenen Marktplatz, eine Tatsache, die aber in keiner Weise das geschäftstüchtige Treiben behinderte: Markt wurde einfach an der verbreiterten Ecke der heutigen Langen Straße/Lindenstraße abgehalten.

Drei verheerende Brände in den Jahren 1701, 1724 und 1765 vernichteten große Teile der Kleinstadt. 1798 errichtete man erstmals ein Rathaus, das 1927 durch den heute noch vorhandenen Bau ersetzt wurde.

Eine Stadt mit einer so großen Vergangenheit hat selbstverständlich auch eine bedeutende **Kirche**. Sie steht im Ortsteil Wendorf, also in der slawischen Ansiedlung. Erbaut wurde das ungewöhnlich große Gotteshaus in der Mitte des 14. Jahrhunderts. In der Folgezeit wurde es um zwei Chorjoche erweitert. Den quadratischen Westturm gibt es seit 1450. Kreuzrippengewölbe tragen und verzieren das Kircheninnere. Elias Keßler aus Stralsund schuf 1724 den Altaraufsatz. Die Kanzel wurde wie die in Vilmnitz in der Werkstatt des Stralsunders Hans Broder geschaffen.

Durch kleine und verwinkelte Gassen führt unser Weg zum **Burgwall**, vorbei an dem hübschen Klinkerbau des **Ernst-Moritz-Arndt-Museums**. Das 1937 eröffnete erste Ausstellungsgebäude Rügens entwickelte sich unter der Leitung von Kantor Wiedemann sehr bald zum Zentrum der Rügenforschung und zeigt neben originalen Hinterlassenschaften des wohl berühmtesten Sohn der Insel auch Dokumente aus der Garzer Stadtgeschichte.

Gleich hinter Garz öffnet sich die Landschaft. Riesige Rittergüter breiteten sich einst in dieser Ebene aus. Die Hünengräber auf den Grabhügeln lassen noch heute manchen alten Bewohner erschauern, wenn er nachts daran vorüber muß. Schätze sollen dort liegen, aber auch böse Geister und sogar der Teufel sollen ihr Unwesen treiben, und mit denen legt man sich besser nicht an. Das wohl größte der Gräber, über das abends in der Spinnstube sagenhafte Geschichten erzählt wurden, ist der **Poltenbusch** an der Straße nach Zudar.

Groß Schoritz – Geburtsort von Ernst Moritz Arndt

Vier Kilometer weiter in Richtung der Halbinsel Zudar liegt das kleine Gutsdorf **Groß Schoritz**. Hier steht neben den ehemaligen Tagelöhnerhäusern ein schlichtes Gutshaus, in dem der große Sohn Rügens geboren wurde. Dieses Haus kann nicht nur besichtigt werden, hier hat auch die

Der Schatz im Poltenbusch

Etwa hundert Schritte östlich von der Straße, die von Garz nach Zudar führt, liegt ein großes Hünengrab, das man im Volksmund den Poltenbusch nennt. Die Leute aus der Umgebung sagen, es sei am Poltenbusch nicht geheuer. Manche behaupten auch, tief darin lägen ungeheure Schätze, aber die sollte man lieber in Ruhe lassen, denn der Teufel und andere schreckliche Wesen bewachten den Reichtum, und vor denen sollte man seine Seele lieber in acht nehmen.

Eines Abends kehrte eine kräftige Bauersfrau zu Fuß von Zudar nach Garz zurück. Furcht kannte sie nicht und spottete über all die Spökenkiekerei der Nachbarn. Plötzlich sah sie vom Poltenbusch her einen hellen Schein. Beim Flackern eines kleinen Feuers hockte dort ein uralter Mann mit wallendem Bart und zählte einen großen Haufen Geld.

Rasch lief die furchtlose Bäuerin zum Hünengrab, breitete ihre große Schürze auf dem Boden aus und begann, so schnell sie konnte, das Geld hineinzusammeln. Schließlich war die Schürze voll, am Geldhaufen aber noch kein Abnehmen zu verspüren. Statt sich nun mit ihrer Beute zu begnügen, lief die Frau eilends nach Garz, lieh sich dort Pferd und Wagen und jagte mit »Hü!« und »Hott!« zum Poltenbusch. Sie fand alles, wie sie es verlassen hatte. Noch immer zählte der Greis, ohne sie zu beachten, und nun schaufelte die Bäuerin ihren Wagen so voll, daß sich die Achsen bogen. Doch was war das? Als sie das Pferd antreiben wollte, rührte es sich nicht von der Stelle. Alles Schimpfen und Peitschen konnten Pferd und Wagen auch nicht einen Meter von der Stelle bringen.

Aber die gierige Frau gab nicht auf. Noch einmal lief sie nach Garz, um Hilfe zu holen. Sie fand genug Neugierige, die an dem Segen teilhaben wollten. Aber als sie am Poltenbusch anlangten, war alles verschwunden, der alte Mann, der Schatz, Pferd und Wagen. Nur noch etwas glühende Asche war vom ganzen Spuk übriggeblieben. Die Bäuerin aber hatte nicht nur den Schaden, sondern auch Zeit ihres Lebens unter dem Spott der Garzer zu leiden.

Ernst-Moritz-Arndt-Gesellschaft ihren Sitz. Sie organisiert einmal monatlich »Begegnungen bei Arndt«. Lesungen, Vorträge und Diskussionsrunden, die in angenehmer Atmosphäre im Arndt-Haus stattfinden und inzwischen großen Zuspruch finden.

Fahren wir von Groß Schoritz auf der Hauptstraße ein kleines Stückchen weiter, kommen wir auf die **Halbinsel Zudar**. Während die Hauptstraße weiter nach Süden führt, zur Glewitzer Fähre, die im Hochsommer den Verkehr über den Rügendamm stark entlastet, biegen wir vorher nach links

Ernst Moritz Arndt wurde am 26. Dezember 1769 in Groß Schoritz geboren. Seine Eltern waren zunächst Leibeigene, konnten sich durch glückliche Umstände jedoch loskaufen. Das er-  *möglichte dem Knaben eine sorgenfreie Jugend und später einen Lebensweg, den er ohne Knechtschaft gehen konnte. Aber er wußte auch um die Not der verarmten Landbevölkerung, und es ist nicht zuletzt seinem Kampf zu verdanken, daß die Leibeigenschaft im ehemaligen Schwedisch-Vorpommern aufgehoben wurde.*

Nach seinem Theologiestudium in Greifswald und Jena war Arndt ab 1796 Hauslehrer bei Pastor Kosegarten in Altenkirchen, entschloß sich aber bald, die theologische Laufbahn nicht fortzusetzen.

Seit 1800 lehrte Arndt an der Greifswalder Universität Geschichte und Sprachen, 1806 wurde er zum außerordentlichen Professor ernannt. Wegen seines konsequenten Eintretens gegen die napoleonische Besetzung wurde er auf Forderung der Besatzungsmacht entlassen und mußte ins Ausland fliehen.

Nach seiner Rückkehr bereiste Arndt zunächst verschiedene Gegenden im In- und Ausland, bevor er sich 1817 in Bonn niederließ und dort ein Jahr später zum ordentlichen Professor für neuere Geschichte berufen wurde. Doch schon 1820 wurde er wegen seiner angeblich subversiven Gesinnung – Arndt setzte sich vehement für einen einheitlichen deutschen Nationalstaat ein – seines Amtes enthoben und mußte die nächsten zwanzig Jahre um seine Rehabilitierung kämpfen.

Arndt, der seit 1817 nicht mehr auf Rügen gewesen war, starb 1860 in Bonn, ohne seine geliebte Heimatinsel noch einmal wiedergesehen zu haben. Sein Grab schmückt eine Eiche von der Insel Rügen, und sein Lied »Heimweh nach Rügen« lebt weiter im Herzen der Rüganer. Neben vielen anderen Publikationen hat Arndt auch Märchen und Sagen aus der Heimat seiner Kindheit aufgeschrieben, und nicht zuletzt deshalb bleibt er für die Insel der große und verehrte Sohn.

in Richtung Maltzien ab. Dort liegt in einer kleinen Meeresbucht die **Insel Tollow**. Ein unvergeßlicher Anblick bietet sich hier dem Betrachter: Hunderte Kormorane leben und nisten auf Tollow und fliegen von hier aus über ganz Rügen bis nach Hiddensee auf Beutezüge. Bewundert von Naturschützern und gehaßt von den Fischern, haben sich die Vögel in unglaublichem Maße vermehrt, worunter besonders die Fänge der Fischer sowie die Fischzuchtanlagen leiden. Außerdem vernichtet der Kormoran auch seine eigenen Brutgebiete. Schon nach kurzer Zeit sind die Horstbäume von oben

bis unten geisterhaft mit dem weißen, ätzenden Kot der Vögel bedeckt. Die Bäume sterben ab und brechen eines Tages um.

Knapp zwei Kilometer südlich von Tollow liegt **Zudar**, das Hauptdorf der Halbinsel, in vorreformatorischer Zeit berühmt wegen seiner Wallfahrtskirche. Zwei Wallfahrten nach Zudar waren im Mittelalter gleichbedeutend mit einer nach Rom. Erst als bei einem Bootsunglück im Jahre 1372 mehrere Pilger ertranken, wurden die Wallfahrten nach Zudar eingestellt.

Unten: Die Glewitzer Fähre verbindet die Insel Zudar
mit dem festländischen Stahlbrode

Von Swantow zur Halbinsel Drigge

Fahren wir wieder von der Halbinsel hinunter und biegen nach Westen ab, sollten wir nicht versäumen, nach 4,5 Kilometern das uralte Dorf **Swantow** aufzusuchen. Noch 1318 hieß der Ort »Swantegore«, was soviel wie »Heiliger Berg« bedeutet. Die Legende berichtet, daß hier in einem kleinen Dorfteich von Absalons Priestern viele Heiden getauft worden sind. Der heute unscheinbare Tümpel, halb zugewachsen, trägt noch immer den Namen »Fünte«. Alles in Swantow, auch die ein wenig verfallene Kirche, atmet den Hauch der Vergangenheit, so als ruhe sich das Dorf von seiner jahrtausendealten Geschichte aus. Und doch zieht es den Besucher an, als könne er hier Geheimnisse entdecken, die sich hinter der Friedhofsmauer, in den altersschwachen, geduckten Häusern oder unter den Baumkronen erhalten haben. Swantow ist wohl etwas für Träumer.

Vier Kilometer entfernt liegt **Poseritz**, ein Dorf, dessen hoher Kirchturm schon von weitem zu sehen ist. Neben der Straße verläuft der ehemalige Bahndamm der Kleinbahn, der heute vernünftigerweise zum Fahrradweg umgebaut geworden ist und dem Radtouristen eine erlebnisreiche und bequeme Fahrt durch diesen Teil der Insel ermöglicht. Poseritz wirkt in seiner Gesamtanlage großzügig und gepflegt. Es hat nicht die Romantik anderer alter Rügendörfer. Die DDR-Regierung war seit der Bodenreform bemüht, in den Orten mit großen Genossenschaften moderne Wohnbauten zu errichten und industriemäßige Produktionsformen in die Dörfer zu bringen. Das hat den Charakter solcher Ortschaften natürlich verändert. Dennoch wirkt das Dorf mit seinen roten Ziegeldächern freundlich.

Den Touristen zieht es sehr bald zu der auffällig großen **Kirche** des Ortes, die zwischen 1302 und 1325 erbaut wurde. Das Langhaus war ursprünglich dreischiffig geplant, wurde jedoch einschiffig fertiggestellt. Die Gewölbe mit Rundstabprofil ruhen auf Pfeilern, die von außen durch Stützpfeiler verstärkt werden. Durch Vermauerung haben die Spitzbogenfenster ihre Schönheit ein wenig verloren, ein Eindruck, der durch die Blendarkaden des achteckigen Turms etwas gemildert wird. Das Innere der Kirche weist viele Sehenswürdigkeiten auf. Zu ihnen gehören alte Grabplatten aus der Zeit von 1329 bis 1744, ein geschnitztes Patronatsgestühl aus der Renaissancezeit, das Triumphkreuz an der nördlichen Wand und ein gotisches Kruzifix über dem Südportal. Die reiche Ausstattung der Kirche ist wohl auch den vielen Gütern zu verdanken, die Poseritz umgaben. Der sehr schöne spätbarocke Schnitzaltar (1703) zeigt den Gekreuzigten, umgeben von den Schächern und drei Jüngern. Die Kanzel, ein Werk des Stralsunders Jakob Freese (1755), stellt den predigenden Christus dar.

Ganz anders wirkt auf den Betrachter das zweite der großen Bauerndörfer. **Gustow** liegt vier Kilometer von Poseritz entfernt. Die Straße führt wieder durch besonders dichte Alleen, kleine Wälder und fruchtbares Ackerland. Das Zentrum des großen Bauerndorfes ist eine großzügig angelegte Gutsanlage, die in ihrem leuchtendem Weiß sofort ins Auge fällt. Dieses Rittergut gehörte der Familie von Stuht, doch zu dem strahlenden Weiß will die Tragödie, die sich um dieses Geschlecht rankt, nicht so recht passen: Der Besitzer des Gutes hat beim Einmarsch der Roten Armee in seiner Angst mit seiner ganzen Familie den Freitod gesucht. Nur eine Tochter, die gerade in der Schule war, wurde durch Zufall gerettet.

Die schlichte **Kirche** liegt auf einer kleinen Anhöhe über dem Dorf. Bereits im 13. Jahrhundert wurde mit dem Bau des Chores begonnen, im 14. Jahrhundert folgte der des Langhauses mit drei Jochen. Bei Restaurierungsarbeiten im Jahre 1935 entdeckte man Wandmalereien, die aus der Entstehungszeit des Gotteshauses stammen dürften. Sie zeigen an der Chorwand links vom Altar »maria magdalena« und das Wappen »clypeus plebanus«. Die beiden Wappenschilde sind die des Patrons und seiner Frau. Weitere Wandmalereien zeugen vom ehemals reichen Schmuck dieser Kirche. Eine wunderschöne Gruppe ist die der »Anna Selbdritt«, die wahrscheinlich aus einer Stralsunder Kirche gerettet wurde, deren Entstehungszeit aber unklar ist.

Vier Kilometer südlich des Dorfes liegt dicht an der Küste die **Prosnitzer Schanze**, eine alte Befestigungsanlage, die bereits im Dreißigjährigen Krieg angelegt und zur napoleonischen Zeit noch einmal ausgebaut wurde. Inzwischen hat Mutter Natur eine dichte Decke von Blumen und blühendem Strauchwerk über die kriegerischen Anlagen gelegt.

Auch die **Halbinsel Drigge** gehört zum Ortsbereich Gustow. Allein der wunderbare Blick auf die Hansestadt Stralsund über Hügel und Strand, Kliffküste und verträumte Hafenbecken, buntleuchtende Gartenanlagen und verlassene Dörfchen lohnt diesen kleinen Abstecher, mit dem wir unsere Wanderung beenden.

Tour 4 – Unterwegs im Muttland

110

4. Unterwegs im Muttland

Der Süden des Muttlandes wurde bereits beschrieben, jetzt soll der nördliche Teil Zentralrügens mit den Orten Bergen, Neuenkirchen, Trent und Gingst und ihren Sehenswürdigkeiten im Mittelpunkt stehen, bevor wir die Insel Ummanz besuchen. Diese Tour ist ungefähr 65 Kilometer lang.

Die Kreisstadt Bergen

Der Dichter, Historiker und Heimatforscher Johann Jakob Grümbke (1771–1849) betrachtete seinen Geburtsort mit sehr kritischen Augen: *»Sobald man aber den Ort selbst erreicht, wie sehr findet man sich getäuscht, wie verschwindet in der Nähe der Reiz, den die trügerische Ferne gewährte! Holprige, abschüssige Wege; schiefe, schlecht gedämmte, zum Teil ungepflasterte Straßen und Durchgänge; schmutzige Winkel, kleine, mitunter sehr schlechte, höchstens mittelmäßige Häuser, die ohne Ordnung bald hie, bald dahin gesetzt sind, vernichten die Idee ganz, die man zuvor von der Stadt gefaßt hatte; man glaubt vielmehr, in die elendeste Landstadt gekommen zu sein…«*

So ohne weiteres ist Grümbke jedoch nicht zuzustimmen. Bergen ist zwar eine Stadt, deren Reize sich erst auf den zweiten Blick erschließen, und sie sind nicht gerade sensationell, dafür aber liebenswert. Und deshalb ist es den Ur-Bergenern nicht zu verdenken, wenn sie ihr kleines Städtchen am Hange des Rugard energisch gegen alle Angriffe verteidigen.

Zweifellos hat die Stadt ein Recht auf ihren Namen, denn der 90 Meter hohe, dichtbewaldete **Rugard** ist für Rügener Verhältnisse eine durchaus bemerkenswerte Erhebung. Nach der Christianisierung der Insel im Jahre 1168 siedelte der junge Fürst Jaromar I. von der alten Fürstenburg Garz in die Gegend des heutigen Bergen um. Man ist sich allerdings nicht sicher,

Restaurierte Häuser am Bergener Marktplatz

ob er wirklich auf dem Rugard regiert hat, denn unweit der Burg ließ Jaromar um 1180 eine stattliche Kirche errichten. Nach den Vorbildern von Braunschweig, Ratzeburg und vor allem des Lübecker Doms entstand die Marienkirche, die auch heute noch zu den bedeutendsten Denkmälern der norddeutschen Backsteingotik gehört. 1193 ließ Jaromar Nonnen aus Dänemark kommen, und schon bald nahm das Kloster in Bergen die Regeln des Zisterzienserordens an.

Gatmund hieß die slawische Siedlung am südöstlichen Rande der heutigen Stadt Bergen in der Nähe der Fürstenburg auf dem Rugard. Nachdem 1193 ein Nonnekloster gegründet wurde, entwickelte sich eine Ackerbürger- und Handwerkssiedlung, in der sich auch von den Fürsten angeworbene deutsche Siedler niederließen. Der langsam aufblühende Ort wurde 1314 urkundlich zum ersten Mal als »villa montis« (Bergen) erwähnt und erhielt später den Namen Bergen.

Es war durchaus gegeben, daß nach der Christianisierung an dieser zentralen Stelle, nahe des Fürstensitzes, um 1180 mit dem Bau der ersten Kirche, der **Marienkirche**, begonnen wurde.

Der junge ehrgeizige Fürst Jaromar hätte sie wohl gern als Herrschaftskirche neben der Rügenburg (Rugard) errichten lassen, aber auf Druck seiner dänischen Lehnsherren mußte er diesen Plan aufgeben und ein Nonnenkloster stiften. So wurde die Marienkirche 1193 als Kirche des Benediktinerinnenklosters in Bergen eingeweiht. Ab 1380 diente sie auch als Pfarrkirche. Sie gilt als eine der ersten Ziegelsteinbauten in unserem Raum und und war als romanische Basilika mit Querschiff geplant. Vom ursprünglich romanischen Bau haben sich vorwiegend der Chor mit Apsis, das Querhaus und die südliche Außenwand, der Westbau mit der Herrschaftsloge und die niedrigen rundbogigen Seitenfenster an der Südwand erhalten. Ende des 14. Jahrhunderts wurden die noch romanischen Ostteile eingewölbt, und gleichzeitig der Turm vollendet.

Auffällig ist ein in einen Anbau der Westwand eingemauerter Grabstein, der vermutlich einen slawischen Priester mit Methorn dargestellt hat (s. Altenkirchen). Bearbeitungsspuren deuten darauf hin, daß das Methorn als heidnisches Insignum weggemeißelt und dafür ein Kreuz eingemeißelt worden ist. Mit einem Finger ist das noch gut zu ertasten.

Die Innenräume der Kirche lassen aber trotz aller gotischen Veränderungen noch immer den spätromanischen Einfluß erkennen. An den Wänden von Querschiff und Chor sind kostbare Malereien aus der Zeit um 1200 zu sehen, die bei den tiefgreifenden Restaurierungen zwischen 1896 und 1902 neben vielen anderen Zeugen der älteren Bauperioden wieder freigelegt wurden. Die für Norddeutschland einzigartigen Gemälde zeigen Szenen aus dem Alten und Neuen Testament und thematisieren Fegefeuer, Hölle und Paradies. Der Altar mit dem hölzernen Säulenaufsatz mit Gemälden (Abendmahl und Kreuzigung) und zwei Beichtstühlen stammt aus dem Jahre 1730, die aufwendige Kanzel ist 45 Jahre jünger.

Schönheiten in Backstein – Kirchen auf Rügen

Der rote Ziegelstein ist auf Rügen allgegenwärtig. Zu den eindrucksvollen Zeugnissen der norddeutschen Backsteinarchitektur zählt die wuchtige Bergener Marienkirche ebenso wie die vielen kleinen Dorfkirchen, die nicht zuletzt wegen ihrer oft unerwartet kostbaren Innenausstattung Bauwerke von architektonischem Reichtum sind. Der Kunsthistoriker Georg Dehio (1850-1932) urteilte treffend über diese spezielle Variante der norddeutschen Gotik, daß sie »selbstbewußt

ohne Selbstgefälligkeit, sachlich ohne Nüchternheit, ernst ohne Kälte, streng ohne jegliche Anwendung von Askese, kühn im Großen und haushälterisch im Kleinen, besonnen, immer geradeaus auf die Hauptsache gerichtet« sei.

Entstanden durch den Mangel an natürlichem Sand- oder Haustein, erlebte die Backsteinarchitektur seit dem 12. Jahrhundert im gesamten Gebiet des heutigen Mecklenburg-Vorpommern eine reiche Blüte, denn Ziegel aus gebranntem Lehm waren überall günstig zu beschaffen und ließen sich ausgezeichnet verarbeiten.

Während für die Gesamtanlage der ersten romanischen Kirchengründungen auf Rügen dänische Stilelemente, wie z.B. die kreuzförmige Ausführung der Vierungspfeiler, Trapezkapitelle und Halbsäulen, prägend waren, setzten sich mit dem Zustrom deutscher Siedler im 13. und 14. Jahrhundert Einflüsse der niedersächsischen Sakralbaukunst durch. Stralsund besaß dabei in hohem Maße eine Vermittlungsfunktion zum Baugeschehen auf dem Festland, denn über die Hanse-

stadt führte der Import von kostbaren Ausstattungsstükken.

Ganz gleich, wohin die Erkundungstouren über die Insel Rügen führen, ein Kirchenbesuch lohnt sich.

113

Arndtturm b. Bergen auf Rügen.

Im Zuge der umfassenden Restaurierung um 1900 kamen das Gestühl und die Westempore in die Kirche. Die neue Orgel erbaute die Firma Grüneberg (Stettin) 1909 unter Verwendung des barocken Prospektes und Gehäuses.

Unbedingt zu erwähnen wäre noch die Granittaufe, die angeblich aus der 1380 abgerissenen Kapelle auf dem Rugard stammt. Ein achtseitiger Kessel. Fuß und Schaft aus Holz wurden erneuert.

Weit über die Grenzen der Insel hinaus gilt unter den erhaltenen Abendmahlsgeräten der romanische Kelch aus Silber vergoldet als ungewöhnliche Kostbarkeit. Er wurde um 1270 in einer Lübecker Werkstatt gefertigt.

Auch der Ausbau eines festen Straßennetzes nach Altefähr, Sassnitz und nach Putbus sowie der Bau der Groß- und Kleinbahn bis 1891 änderten nichts an der Atmosphäre einer Ackerbürgerstadt, die Anspruch auf die Zentralverwaltung der Insel erhebt.

Erst in den 50er Jahren wurde Bergen Kreisstadt und zunehmend Sitz von Handwerk und kleineren Industriebetrieben, die sich am Rande der Stadt ansiedelten. Durch diese Entwicklung entstanden auch neue Wohngebiet, die auf die rasante Bevölkerungsentwicklung zurückzuführen sind. Begen hat gegenwärtig 15.800 Einwohner. Stolz sind die Bewohner Bergens auch auf den berühmten Sohn der Stadt, den Chirurgen **Theodor Billroth**. Sein Geburtshaus ist heute eine Gedenk- und Kommunikationsstätte der Deutschen Gesellschaft für Chirurgie. Mehr und mehr werden sich die Bergener der Geschichte ihrer Stadt bewußt. Der Klosterhof, in dem wir das sehenswerte **Museum für Stadt- und Regionalgeschichte Bergen** finden, wird als Gesamtheit restauriert.

Über all dem thront seit 1876 der **Ernst-Moritz-Arndt-Turm** auf der alten Wallanlage der Burg, erbaut zu Ehren des großen Sohnes der Insel. Bei klarem Wetter kann man von hier aus 27 Metern Höhe einen weiten Rundblick über ganz Rügen bis nach Hiddensee und Stralsund genießen.

Vom Zentrum Bergens, dem Marktplatz, verlaufen die Durchgangsstraßen strahlenförmig nach Nordwesten in Richtung Trent–Schaprode, nach Nordosten in Richtung Sassnitz, nach Südosten in Richtung der Badeorte Binz bis Thiessow, nach Südwesten in Richtung Stralsund und nach Süden in Richtung Putbus. Unser weiterer Weg führt in Richtung Nordwesten.

Im Norden: Woorker Berge, Neuenkirchen und Trent

Schnurgerade verläuft die Straße von Bergen in den Nordwesten der Insel Rügen, ihr landwirtschaftliches Zentrum. In früheren Zeiten war das Land fast völlig im Besitz der großen Güter, und so weist fast jedes Ortsschild auf ein ehemaliges Gutsdorf hin: Muglitz, Boldevitz, Ramitz, Pansevitz und Gagern beispielsweise. Zu DDR-Zeiten in landwirtschaftlichen Produktionsgenossenschaften organisiert, standen die Bauern nach der Wende vor dem Problem, sich in einer neuen Wirtschaftsordnung zurechtzufinden, und viele standen diesen Kampf auch durch, wie die heute wieder bestellten Felder beweisen. Die Gutsanlage Boldevits, mit ihren herrlichen Parkanlagen, wurde renoviert. Besonders sehenswert ist die wertvolle **Jakob-Phillip-Hackert-Tapete**, ein Werk des berühmten Landschaftsmalers (1737–1807), der oft als Gast in Boldevits verweilte.

Es lohnt sich, bei Ramitz-Hof rechts von der Chaussee abzubiegen. Nach wenigen Kilometern zeigt der Wegweiser in Richtung Patzig. Aber bereits vor der Ankunft im freundlichen Kirchdorf erleben wir eine der plötzlichen Überraschungen, an denen Rügen so reich ist: Hügel an Hügel erheben sich hier bei dem kleinen Dörfchen **Woorke** Gräber aus der Bronzezeit. Vierzehn gleichmäßig angelegte Grabstätten aus der Zeit zwischen 1800 und 600 v. Chr. bestimmen das Landschaftsbild und haben ihnen die Bezeichnung »Woorker Berge« eingebracht. Die Hügelgräber von Woorke gehören in Form und Anlage wohl zu den schönsten auf Rügen. Was der Betrachter aber nicht sehen kann: Diese Gräber sind noch in ihrem ursprünglichen Zustand erhalten. Tote und Grabbeigaben liegen seit dreieinhalbtausend Jahren ungestört unter den schützenden Hügeln, sicher vor Grabräubern und wilden Schatzgräbern.

Wie aber sieht ein solches Grab von innen aus? Der Tote lag ausgestreckt in einem Sarg auf ebener Erde. Ihm zur Seite lag alles, was er auf der weiten und gefahrvollen Reise ins Totenreich benötigte: seine besten Waffen, Kleidung, Nahrung in Tongefäßen und auch Schmuck. Im Laufe der Zeit setzte sich mehr und mehr die Totenverbrennung durch, und die sterblichen Überreste wurden in einer Urne der Erde übergeben. Nachdem das Grab mit Lehm zugestampft worden war, häufte man aus kopfgroßen Steinen einen schützenden Hügel über die Begräbnisstätte und bedeckte ihn mit Erde. Noch einmal legten die Erbauer einen straßenpflasterähnlichen Steinbelag gleichmäßig über den Unterbau und bedeckten die Grabstätte abschließend wieder mit Erde. So entstanden die gleichmäßig geformten Hügel, die für unsere Vorfahren Heiligtum und Erinnerungsstätte zugleich waren.

Wieder auf der Hauptstraße geht es knapp zehn Kilometer nach Kluis, dort biegen wir rechts ab in Richtung Gutshof Silenz. Am Horizont blitzen die Wasserflächen des Tetzitzer Sees auf, der eigentlich gar kein See, sondern ein kleiner Bodden ist. Wir sehen Gutshöfe mit Rohrdächern, die dringend einer Sanierung bedürfen, und zwischendurch klotzige Mehrstockbauten aus vergangenen DDR-Jahren, in denen man das Dorf zur Agrarstadt machen wollte und damit der Landschaft ihr individuelles Gesicht nahm.

Neuenkirchen, das nächste größere Dorf an dieser Strecke, erreichen wir nach weiteren acht Kilometern. Auch hier spürt man überall das Bemühen, die Schäden vergangener Bauepochen vergessen zu machen. Ein wenig ragt die rote Kirche inmitten des alten Dorffriedhofs über die Bäume. Das Dorf trug zu slawischen Zeiten den Namen Jamnow, wurde aber seit 1318 Nygenkerke genannt. Schlichte Backsteinmauern, gestützt auf Granitblökke von rügen-schen Feldern, geben dem Kirchenbau ein bodenständiges Gepräge und erheben ihn zum Mittelpunkt des Ortes. Weit schweift der Blick über eine Landschaft, die wie kaum eine andere auf Rügen eine innige Verbindung von Land und Meer zeigt, deren Schönheit sich wohl niemand entziehen kann.

Die Inneneinrichtung der Kirche ist schlicht, deswegen aber nicht weniger eindrucksvoll. Auch hier wurde der Chor wohl zunächst als selbständige Gebetsstätte errichtet und später zur Kirche ausgebaut. Am Südportal des Langhauses steht seit Urzeiten das steinerne Weihwasserbecken. Restaurierungsarbeiten in den Jahren 1968–1970 brachten die Weihekreuze wieder zum Vorschein und auch die ein wenig fremdartigen Malereien, die auf dänische Einflüsse zurückzuführen sind. Die Kanzel stand ursprünglich in der Marienkirche zu Bergen. Der Altar stammt aus dem Jahre 1787 und wurde der viel älteren Renaissancekanzel (1567) angepaßt.

Die restaurierte Gutsanlage Liddow bei Neuenkirchen wird heute für gewerbliche und kulturelle Zwecke genutzt. Aufgrund der reizvollen Lage dient Liddow auch des öfteren als Kulisse für Fernsehaufnahmen. Man sollte nicht versäumen, einen der schönsten Punkte Neuenkirchens aufzusuchen, den **Grümbke-Turm** auf dem Hoch-Hilgor. Ob dieser einsame Hügel in grauen Vorzeiten einmal heilig war, ist nicht verbürgt. Daß man von dort aus aber einen der schönsten Ausblicke über die Rügenlandschaft erleben kann, hat sich in Fachkreisen längst herumgesprochen. Vielleicht könnte der Turm, der den Namen eines großen Rügenforschers trägt, einmal der Ausgangspunkt für ein zukünftiges Urlaubsgebiet Neuenkirchen sein. Alles, was Rügen zu bieten hat, breitet sich vor dem Betrachter aus: im Norden die Leuchttürme von Arkona, am Ufer gegenüber der Hafen von Breege, ganz nah scheint der Leuchtturm von Hiddensee herangerückt zu sein, im Osten die weiten Wälder der Stubnitz mit weiß aufblitzenden Kreidefelsen und im Süden die Türme der Hansestadt Stralsund. Es gibt nur wenige Orte auf Rügen, die sich mit dem Hoch-Hilgor messen könnten. An klaren Frühlingstagen sieht man auf den Feldern nördlich von Neuenkirchen die Kraniche stehen. Ihre Rufe scheinen von allen Seiten zu kommen, und die vielen Seevögel zeugen davon, daß sie sich an diesen Ufersäumen sicher fühlen.

Boddenwasser trennt Neuenkirchen vom Nachbardorf Trent, so daß wir fast bis nach Kluis zurückfahren müssen, um dann in Richtung Nordwesten nach **Trent** zu gelangen. Die dreischiffige Hallenkirche des Dorfes wurde 1318 erstmals urkundlich erwähnt, um 1400 entstand der Chor. Noch im gleichen Jahrhundert wurde der Bau erneut erweitert. Eine Südkapelle und der wuchtige dreistöckige Turm vollendeten harmonisch den Kirchenbau. Aber auch hier erkennt man noch an den schießschartenähnlichen Maueröffnungen, daß die Kirche in kriegerischen Zeiten auch der Verteidigung diente. Das Kircheninnere wird bestimmt von einem kunstvoll geschnitz-

Der Grümbke-Turm bietet wunderschöne Aussichten über die Insel

ten Altar, neben dem wir den Taufständer und einen Beichtstuhl (1752–54) des Stralsunder Meisters Michel Müller finden. Die Ostwand birgt drei Sakramentsnischen mit Fresken. Auch Wappen der Patronatsfamilie von Platen sind erhalten.

Ein kurzer Abstecher führt uns weiter nach Norden zur **Wittower Fähre**. Nach wenigen Kilometern öffnet sich die Landschaft zu einem weiten Blick über das Wasser. Hier mündet der Große Jasmunder Bodden über den Vitter Bodden in die Ostsee. Überragt wird diese Perspektive auch heute noch von den Eisenportalen der alten Wittower Fähre. Hier fuhr seit 1896 das einzige Schmalspur-Eisenbahntrajekt Deutschlands. Waren es zunächst Dampfer, welche die kleine Inselbahn übersetzten, so wurden diese 1911 gegen die Motorschiffe »Wittow« und »Bergen« ausgetauscht, die bereits je 65 Tonnen Last tragen konnten. Die häufig starke Strömung in dem nur 250 Meter breiten Boddenarm forderte jedoch sehr kräftige Maschinen, weshalb bei Eisgang im Winter der Verkehr völlig ruhte. Heute fahren moderne Großfähren, voll beladen mit Autos und Bussen, auf dem gleichen Wasserweg – und mit ihnen verschwand leider auch ein wenig von der alten Romantik der historischen Fährlinie.

Von Gingst zur Insel Ummanz

Biegt man auf der von Bergen in Richtung Nordwesten führenden Hauptstraße in Kluis links ab, erreicht man nach drei Kilometern **Gingst**. Alles an diesem Ort strahlt Selbstbewußtsein aus, der große Marktplatz mit den gepflegten Häusern, auch die imposante Kirche, fast zu groß für einen Ort, der nicht einmal Stadt ist. Marktflecken nannte man früher Orte wie diesen, denn hier wurde für Bauern und Gutsherren in regelmäßigen Abständen Markt abgehalten. Das umliegende Land wird auch heute noch intensiv landwirtschaftlich genutzt, und der fruchtbare Boden sorgt für hohe Erträge. Seit 1503 war Gingst »oppidum«, allerdings ohne Stadtrecht. An diesem wirtschaftlichen Knotenpunkt für Handel und Handwerk siedelten sich u.a. Schuhmacher, Schneider, Weber, Tuchmacher und Fleischer an.

Einer der bekanntesten Männer der Stadt war der Präpositus Johann Gottlieb Picht, der 1774 als erster auf Rügen seine leibeigenen Bauern in die Freiheit entließ. Um den Menschen ein Auskommen zu ermöglichen, schuf er 1779 in Gingst eine Innung der Damastweber, deren Erzeugnisse den Ort weit über seine Grenzen hinaus bekannt machten.

Lebendige Einblicke in die Geschichte des rügenschen Dorfhandwerks vermittelt heute das Gingster Handwerksmuseum. Im **Efeuhaus** werden die traditionellen Arbeitstechniken von dreißig Zunfthandwerken mitsamt dem erhaltenen Arbeitsgerät dokumentiert. Das Efeuhaus ist aber nicht nur Museum, es ist auch eine Traditionsstätte, in der den jungen Handwerksgesellen und Meistern noch heute ihre Urkunden überreicht werden. Darüber hinaus fand sich hier eine Gruppe Interessierter zusammen, die in vielen Veranstaltungen für Urlauber Moden aus Gegenwart und Vergangenheit vorstellt.

Am 25. August 1726 zerstörte ein Großbrand in Gingst 43 Gebäude. Ein Denkmal auf dem Dorfplatz erinnert an den nur zehn Wochen dauernden Wiederaufbau, der durch Spenden und Eigenarbeit zahlreicher Helfer unterstützt wurde. Zu den unbeschädigten Gebäuden gehörte zur Freude aller Bewohner die stattliche spätgotische **Kirche**. Sie gilt als eine der bedeutendsten der Insel. Ungewöhnlich ist an diesem Kirchenbau, daß der um 1300 entstandene Chor gleiche Höhe und Breite wie das Mittelschiff aufweist. Die flache Stuckdecke im Hauptschiff wurde erst zu Beginn des 18. Jahrhunderts eingezogen, weil durch zwei Stadtbrände die alte Konstruktion sehr gelitten hatte. Von der Erneuerung im barocken Stil zeugt auch der imposante Westturm, den eine geschwungene Haube ziert. Sehr kunstvoll gearbeitet sind Kanzel (1743) und Orgelprospekt (1796), geschaffen von Nathanel Freese und Christian Kindt aus Stralsund. Zwei Beichtstühle vervollständigen die Ausstattung der Kirche.

Sieben Kilometer Inselstraße verbinden Gingst mit der westlich gelegenen **Insel Ummanz**. Hier sollte man nach Möglichkeit auf das Fahrrad umsatteln. Die Ummanzer Küsten gehören mit den kleinen Vogelinseln Heuwiese und Liebitz zum Nationalpark Vorpommersche Boddenlandschaft.

Am Strand von Suhrendorf auf Ummanz

Nur so war es möglich, die einmalige Vielfalt dieser Feuchtwiesen mit ihren seltenen Pflanzen zu erhalten. In den Küstenstreifen der vorgelagerten Inseln brüten Seeschwalben und viele Möwenarten. Brandgänse und Säbelschnäbler suchen dort ihre Nahrung und werden nur hin und wieder von See- oder Fischadlern gestört. Das Wasser um die Insel ist reich an Fischen, und im Frühjahr und Herbst beherrschen die riesigen Vogelzüge den Himmel über dem Eiland. Eines der schönsten Inselerlebnisse bietet im Herbst der abendliche Besuch der **Kranichrastplätze** bei Tankow im Nordosten von Ummanz an der Udarser Wiek. Schon von weitem hört man die rauhen Rufe der einfallenden Kraniche. Und bald tauchen am Himmel die Vögel in riesigen Keilformationen auf, die Jahr für Jahr die gleichen Rastplätze aufsuchen. Mit einem guten Fernglas kann man sogar den Tanz der Kraniche erleben, der in seiner unvorstellbaren Eleganz jeden Betrachter in seinen Bann zieht.

Eine Brücke verbindet die kleine Tochterinsel Ummanz mit Rügen. Der Anblick des Focker Stroms mit seinen schwarz geteerten Fischerbooten, tiefgoldenen Rohrplänen (weit bis ins Wasser reichende Schilfflächen) und den dahinter weidenden Haflingern, deren blonde Mähnen der Seewind zaust, ist uns eine liebenswerte Begrüßung.

Nüchterner klingt die geographische Beschreibung, wonach Ummanz eine Insel vor der Küste Niederrügers ist, 19,7 Quadratkilometer groß, kaum mehr als drei Meter über dem Meeresspiegel gelegen und von 355 Menschen bewohnt, also eigentlich kaum erwähnenswert. Doch die **Geschichte** der Insel beweist, daß dieses karge Inselland schon immer begehrt erschien. Bereits 1240 trug Ummanz seinen heutigen Namen und war herzoglicher Besitz. Wie es damals üblich war, verpfändeten die ständig unter Geldmangel leidenden Landesherren die Insel einschließlich der hier lebenden Menschen mehrfach. Zwischen 1341 und 1945 gehörte Ummanz zum Besitz des Hl.-Geist-Klosters in Stralsund. In einer Zeit, in der man noch nicht an Urlaubsgäste dachte und das flache Land geringschätzte, zumal es immer wieder vom Meer überschwemmt wurde, mag es für die damaligen Eigentümer nur wenig Wert besessen haben. Das aber änderte sich grundsätzlich, als sich die ersten Naturfreunde auf der Flucht vor den Industriestädten in die kargen Reize, die Weite und die Urwüchsigkeit der kleinen Insel verliebten. Schriftsteller und Maler ließen sich unter den sturmzerzausten Rohrdächern nieder und fanden in der Einsamkeit der Landschaft kreative Anregung. Damit war auch Ummanz als Urlaubsparadies entdeckt.

Unmittelbar hinter der Brücke über den Bodden liegt **Waase,** das größte Dorf der Insel Ummanz, dessen Hauptstraße von niedrigen Fachwerkhäusern gesäumt wird. Niemand, der die kleine, unter riesigen Bäumen versteckte **Backsteinkirche** zum ersten Mal sieht, kann sich dem Reiz ihres Anblicks entziehen, und schon gar nicht, wenn er weiß, daß sich unter dem roten Ziegeldach ein einmaliges Kunstwerk verbirgt. Vor der Kirche erhebt sich aus dem Grün des Friedhofs der dunkle Glockenstuhl. Stark, als solle er Jahrhunderte den Stürmen trotzen, bewacht er die niedrige Kirche aus der Mitte des 15. Jahrhunderts. Aus dieser Zeit dürften der Chor aus rotem Backstein und die Sakristei stammen. Das Fachwerk-Langhaus entstand erst im 16. Jahrhundert. Im Chor finden wir das Kleinod der Waaser Kirche, einen gotischen Schnitzaltar mit bemalten Klappflügeln. Geschaffen etwa um 1520 in einer Antwerpener Werkstatt, stellt er die Lebensgeschichte des englischen Erzbischofs Thomas Becket und Stationen der Passion Christi dar. Ursprünglich war der Altar für England bestimmt, doch die politisch-religiösen Verhältnisse dort hatten sich geändert, der 1172 heiliggesprochene Thomas Becket hatte für die Engländer an Bedeutung verloren. Kurz, der Altar wurde von den Engländern nicht gekauft und gelangte zunächst in die prachtvolle Nikolaikirche von Stralsund. Von dort wurde er an die Heilgeistkirche übergeben und um 1708 brachte man ihn nach Ummanz, ein Beschluß, den man in Stralsund wohl später sehr bereute.

Es dauert eine Weile, bis man die Fülle der vergoldeten Schnitzwerke und Bildtafeln betrachtet hat. Man wird ständig neue Schönheiten entdecken und beeindruckt vor dem Werk eines Meisters stehen, der es vor etwa 480 Jahren im fernen Antwerpen schuf.

Gotischer Schnitzaltar in der Kirche von Waase

Bei der weiteren Entdeckung der Insel wäre dem Gast zu empfehlen, sich gegen die Kühle der Meereswinde mit einem Fläschchen Ummanzer Sanddornlikör auszurüsten und bei den Fischern am Hafen frisch aus dem Meer eine Spezialität der Inselküche zu probieren. Unsere Tour führt vier Kilometer weiter in Richtung Westen zum Zeltplatz **Suhrendorf**. Neben einem Sandstrand mit Badestelle bietet sich von hier aus ein schöner Blick zum Gellen, der Südspitze der Insel Hiddensee. Für Freunde des Wassersports ist Suhrendorf ein echter Geheimtip, hier gibt es beispielsweise ideale Bedingungen für Windsurfer.

Auf unserem Rückweg von Suhrendorf zur Insel Rügen machen wir einen Abstecher zum Naturschutzgebiet **Freesenort** im Südwesten von Ummanz. Bei Freesenort und auf der vorgelagerten Insel Heuwiese nisten an zahlreiche seltene Vogelarten. In Freesenort steht auch eines der ältesten Wohnhäuser auf Rügen, die sogenannte **Hasenburg**. Errichtet im 17. Jahrhundert, reicht ihr Rohrdach noch heute tief bis zum Boden, und Haustür und Fenster sind in den pommerschen Landesfarben Blau und Weiß gestrichen. Von Freesenort gelangt man über Wusse auf der Hauptstraße nach Waase und von dort aus wieder über die Brücke zurück nach Gingst.

Tour 5 – Südostrügen und die Halbinsel Mönchgut

5. Südostrügen und die Halbinsel Mönchgut

Binz wurde bereits vorgestellt, doch auch die Ostseebäder Sellin, Baabe und Göhren gehören zu den besonders attraktiven Urlaubszielen auf Rügen, ebenso wie die Halbinsel Mönchgut, auf der sich besonders viele Volksbräuche erhalten haben. Doch bevor wir die ungefähr 40 Kilometer lange Entdeckungstour durch diese kulturhistorische Schatzkammer Rügens in Angriff nehmen, wartet das Jagdschloß Granitz auf unseren Besuch.

Jagdschloß Granitz

Das Jagdschloß der Fürsten von Putbus liegt in einem reizvollen Buchenwald und ist nicht ganz leicht zu erreichen, da die Zufahrt zum das Schloß für private Motorfahrzeuge grundsätzlich gesperrt ist. Wer die drei Kilometer von Binz aus dennoch nicht wandern möchte, kann mit einer Zubringerbahn direkt auf den **Tempelberg** fahren.

Bereits 1726 ließ Moritz Ulrich I. von Putbus auf dem 107 Meter hohen Tempelberg ein Jagdhaus errichten. Es stand an der Stelle des späteren Wirtschaftshofes. Aber mit wachsender Bedeutung der Residenz in Putbus stieg selbstverständlich auch das Bedürfnis nach Unterhaltung für die Fürsten und ihre zahlreichen Gäste. So wurde der baufällige Aussichtsturm, der an der Stelle des heutigen Jagdschlosses stand, abgerissen und im Jahre 1836 unter Fürst Wilhelm Malte I. mit dem Bau eines neuen, repräsentativen Jagdschlosses begonnen.

Die Entwürfe hierzu stammten von dem Berliner Architekten Johann Gottfried Steinmeyer, und auf Anraten Karl Friedrich Schinkels fügte man in den ursprünglich geplanten Lichthof einen Aussichtsturm ein. Der zentrale zweistöckige Bau im Stil der Tudorgotik wird durch vier runde Ecktürme und einen apsisartigen Halbturm geschmückt, die wiederum von dem 38 Meter hohen Mittelturm beherrscht werden. Im Innern führt eine künstlerisch gestaltete, gußeiserne **Wendeltreppe** mit 154 Stufen und kleinen Podesten zum Ausruhen hinauf zur Aussichtsplattform – von dort aus hat der Besucher den wohl schönsten Panoramablick über die weite, zerklüftete Landschaft der Insel.

Alte Ansichtskarte

Die **Inneneinrichtung** des Jagdschlosses wurde nach dem Zweiten Weltkrieg fast restlos abtransportiert und ist bisher nicht wieder aufgefunden worden. Man hat deshalb bei der Neugestaltung des Schlosses auf die Ausstattungen anderer Schlösser und Gutshäuser Rügens zurückgreifen müssen. So gelang es, den Eingangsraum wieder mit einer stattlichen Sammlung von Jagdtrophäen auszustatten und im Jagdschloß selbst weitere Ausstellungen zum Thema Wald und Waidwerk zu gestalten. Die ehemaligen Repräsentations- und Wohnräume wurden von einheimischen Künstlern mit großem Einfühlungsvermögen restauriert. Vor allem gelang es, die herrlichen Stuckdecken in alter Schönheit wiederherzustellen.

Der **Rundgang** führt durch das Empfangszimmer zum angrenzenden Speisesalon. Der untere Teil dieses Raumes ist holzgetäfelt und wird gekrönt durch eine Zinkgußborte, die in Eichenholzimitation bemalt ist. Sie wurde zum Aufstellen von Ziertellern genutzt. Farbige Ornamentfliesen schmücken den oberen Teil der Wand, der dann in eine zartgetönte Stuckdecke übergeht. Bronzeleuchter, Porzellan und Möbel gingen nach 1945 verloren. Heute schmücken wertvolle Gemälde die Wände. Erhalten blieb der mit Jagdmotiven verzierte Kachelofen aus der Werkstatt der Berliner Ofenfabrik Tobias Christoph Feilner. Eine Büste von Fürst Wilhelm Malte I., dem Bauherrn, steht auf dem Marmorkamin. Von den ursprünglich sechs den Raum beherrschenden Gemälden mit Jagdszenen des holländischen Malers Pieter Mulier (genannt Tempesta, 1637–1701) sind nur noch drei vorhanden.

Dem Rundgang folgend, betritt man anschließend den Damensalon mit einer schachbrettartigen Eichentäfelung. Der Deckenstuck weist Rahmungen auf, deren gestickte Bilder leider nicht mehr erhalten sind.

Der eindrucksvollste Raum des Jagdschlosses ist der Marmorsaal. Er war sowohl festlicher Speiseraum als auch als Konzertraum. Edelhölzer und Marmor sind die Materialien, die hauptsächlich in diesem Raum Verwendung fanden. Einige Teile der Wand sind mit imitiertem Marmor verkleidet, die Raumdecke besteht aus Stuckkassetten. Blickfang ist der herrliche Marmorkamin mit dem Relief einer Sauhatz, der 1851 eingebaut wurde und aus der Werkstatt des Thorvaldsen-Schülers Ernst Matthäi stammt.

Wir gehen weiter durch das Billardzimmer, die Bibliothek, den Roten Salon und das Schlafzimmer. Diese Räume enthalten zur Zeit eine Ausstellung über deutsches und internationales Jagdwild. Im Untergeschoß, wo einst die Wirtschaftsräume lagen, wurde inzwischen eine Speisegaststätte eingerichtet, die zu einer Rast einlädt.

Seit 1900 ist das Jagdschloß Granitz als Museum zugänglich, und bereits damals war es einer der Hauptanziehungspunkte für den Rügenbesucher. Durch Konzerte, Turmsingen und andere Veranstaltungen ist das Jagdschloß auch heute wieder ein kulturelles Zentrum der beliebten Ostküste.

Vorhergehende Doppelseite: Gußeiserne Wendeltreppe im Jagdschloß Granitz

Das Jagdschloß Granitz

Zu Füßen des Schlosses, vor den Ausläufern der wald- und wildreichen Granitz, liegt das Dorf **Lancken**. Der ehemalige Schulleiter des kleinen Bauerndorfes, der verdiente Bodendenkmalpfleger Friedrich Wilhelm Furthmann (1929–1986), hat sich um die Erhaltung und den Schutz dieses Gebietes besonders verdient gemacht, und so finden wir am Westrand des Dorfes ein riesiges Gräberfeld aus der Jungsteinzeit, bei dessen Freilegung und Erhaltung Furthmann eine führende Rolle spielte.

Wenn es heute auf der gesamten Insel Rügen noch etwa 55 Gräber aus der Jungsteinzeit gibt, so ist das nur noch der vierte Teil aller Grabanlagen, die noch in der Mitte des 19. Jahrhunderts registriert wurden. Straßen- und Hausbau sowie Grabräubereien haben diese historischen Schätze in der Folgezeit stark dezimiert. Das größte erhaltene **Gräberfeld** der Insel finden wir in der Feldmark von Lancken. Das eindrucksvollste Grab in diesem Feld ist gleich das erste, ungefähr fünfzig Meter von der Straße entfernt. Es handelt sich um ein Dolmengrab, ein Großsteingrab mit einer länglich viereckigen Grabkammer, die von senkrechten Wandsteinen und darüberliegenden Decksteinen eingefaßt sind. Sie waren ursprünglich von einem Erdhügel bedeckt. Man vermutet, daß Menschen aus dem heutigen Dänemark diese Grabstätten nach Vorbildern aus ihrer Heimat auf Rügen errichtet haben. Trotz der oft wohlklingenden Namen wie Königs- oder Herzogsgrab waren es Sippengräber von steinzeitlichen Ackerbauern, Viehzüchtern und Fischern, die man der sogenannten Trichterbecherkultur zurechnet.

Heute ist kaum vorstellbar, wie diese Steinzeitmenschen so gewaltige Steine ohne die Kenntnis des Rades heranschaffen und aufeinandertürmen konnten. Vermutlich wurden dazu die Steinblöcke auf rollbare Baumstämme gehebelt und Meter für Meter bis zur gewünschten Stelle geschoben. Die Decksteine dürften auf einer schiefen Ebene an ihren Platz gebracht worden sein. Als Wandsteine bevorzugte man Blöcke mit Gletscherschliff oder zersprungene Steine. Man nutzte dabei die glatten Wandflächen. Während das Grab an der Ostseite geschlossen war, baute man an der Westseite den Eingang, der häufig regelrecht eingefaßt wurde. Dieser Eingang wurde benötigt, weil immer wieder Nachbestattungen vorgenommen wurden. Die Räume zwischen den unregelmäßig geformten Findlingen wurden mit Rotsandsteinplatten vermauert. Sie gelten heute als die ältesten Steinmauern des Nordens. Aus den gleichen Platten errichtete man auch kleine Kammern, in welche die Toten hineingelegt wurden. Diese Platten markierten allerdings nur die Fläche der Beisetzungsstelle.

Sehr häufig sind die Grabanlagen durch einen Kreis von kopfgroßen Steinen begrenzt, vielleicht eine Art heiliger Kreis, für den bereits das Tabu galt, denn vor Grabräubern war man gewiß auch in damaligen Zeiten nie sicher. Als man diese Grabstätten später nicht mehr nutzte, wurden sie mit Sand aufgefüllt. Man hat bei der archäologischen Erforschung der Gräber in diesen Auffüllungen Metallteile gefunden, die beweisen, daß sie wesentlich später vorgenommen wurden.

Entlang der Bäderstraße nach Sellin

Die Bäderstraße führt uns von Lancken-Granitz durch schattige Alleen weiter nach Süden. Einen kleinen Abstecher sollten wir dabei nach drei Kilometern in das alte Werft- und Fischerdorf **Seedorf** mit seiner weitbekannten Räucherei und dem kleinen Jachthafen unternehmen. In dieser Idylle, eingebettet zwischen Hügelketten, dem Neuensiener See und der Having, fühlen sich Wasserwanderer besonders wohl. Ein kleiner Badestrand vervollständigt das Urlaubsvergnügen. In Seedorf wurden noch bis zur Jahrhundertwende Großsegler gebaut, die von dem kleinen Rügendorf aus über die Ozeane fuhren. Das letzte Schiff, die »Seedorf«, lief 1925 als Motorsegler vom Stapel. Von dieser einstigen Bedeutung sieht man dem kleinen Ort allerdings kaum noch etwas an.

Von Seedorf aus führt unsere Fahrt von der Boddenküste in Richtung Ostseeküste über fünf Kilometer nach **Sellin**. Wie viele der großen und kleinen Badeorte an der Ostküste war auch Sellin ursprünglich ein Fischerdorf. Daß an dieser Stelle bereits in prähistorischer Zeit Menschen gelebt haben, beweisen archäologische Ausgrabungen mit reichen Funden. Der Name Sellin geht wahrscheinlich auf das slawische Wort ›zelen‹ (= ›grün‹) zurück; der bekannte Badeort liegt ja auch heute noch inmitten der dichten Buchenbestände der Granitz. Während es hier 1577 nur sieben Bauernhöfe und eine Kate gegeben haben soll, bestand Sellin im Jahre 1867 aus 29

Das wiederhergestellte Brückenhaus auf der Selliner Seebrücke

Häusern und hatte 217 Einwohner. Bis um 1880 blieb es eine unscheinbare Siedlung. Erst mit der Aufnahme des Kleinbahnverkehrs im Jahre 1895 entwickelte sich auch Sellin zum Badeort. Es entstanden Villen, Pensionen und Hotels im typischen Stil der Bäderarchitektur. Mit der Fertigstellung der Hauptstraße im gleichen Jahr kamen immer mehr Gäste, zu dieser Zeit waren es bereits 1158.

Sellins Lage auf dem Steilufer, zunächst ein Vorteil, wurde nach einiger Zeit zum Problem, als nämlich das Seebaden immer populärer wurde. Mit viel Fleiß ist es den Sellinern dennoch gelungen, gute Bademöglichkeiten für die Sommerfrischler zu schaffen: Im Jahre 1906 wurde die **Landungsbrücke** mit einer Länge von 600 Metern fertiggestellt, der ein Restaurant und eine Konzertmuschel angeschlossen waren. 1913 verbrachten bereits 15.000 Badegäste ihren Urlaub in Sellin. In den dreißiger Jahren landeten während der Saison die Wasserflugzeuge auf ihrer Route Berlin–Rügen–Hiddensee im Selliner See und brachten immer mehr Besucher. Sellin hat noch eine zweite Bademöglichkeit mit sehr gutem Strand, und zwar ein wenig abseits vom Ortszentrum gelegen. Es ist der Südstrand, der sehr gern besucht wird.

Als Flaniermeile bietet sich dem Gast die **Wilhelmstraße** an. Die gepflegten Villen, erhöht gelegen zu beiden Seiten der breiten Straße, begrüßen den anreisenden Gast mit hellen Fassaden im Stil der Jahrhundertwende. Kleine Straßencafés und moderne Restaurants sorgen für das leibliche Wohl und für gepflegte Unterhaltung, elegante Läden laden zu einem Einkaufsbummel ein. Zahlreiche kulturelle Veranstaltungen in den Hotels, auf der Freilichtbühne und auf der in alter Schönheit neu erbauten Seebrücke über den Wellen der Ostsee runden das Bild ab.

Auf einer Anhöhe zwischen Sellin und Baabe ragt der moderne Bau des noblen **Cliff-Hotels** über das Grün der Granitz hinweg. Daß dieses Hotel zu DDR-Zeiten nur für Funktionäre gebaut wurde, ist längst vergessen. Heute kann es sich ohne Zweifel mit den Spitzenhotels des Landes messen.

Mönchgut – Enklave auf Rügen

Am Ortsausgang von Sellin in Richtung Baabe verläuft die eigentliche Grenze zwischen Rügen und der Halbinsel Mönchgut, der sogenannte **Mönchgraben**, eine schon zu Urzeiten angelegte Befestigungsanlage, die inzwischen stark von Bäumen bewachsen ist. Im Jahre 1249 verschenkten die rügenschen Fürsten das Land Reddevitz an das Zisterzienserkloster Eldena bei Greifswald. 1360 erwarb das Kloster auch den Rest der Halbinsel, das Land Zicker, dazu. Nachdem die Mönche deutsche Kolonisten aus Friesland, Schleswig-Holstein und Niedersachsen angesiedelt hatten, wurde das Mönchgut zu einer Enklave auf Rügen, die sich in Sitten und Gebräuchen, Hausformen und Trachten grundsätzlich vom übrigen Rügen unterschied. Selbst die Landschaft der Halbinsel zeigt ein eigenes Gesicht und wird sich dem Naturfreund und Romantiker als wahres Urlaubsparadies erschließen.

Während auf der stets isolierten Halbinsel zunächst die Landwirtschaft dominierte und die Fischerei ein Nebenerwerb war, bewirkte die Einführung der Küstenfischerei mit großen Reusen einen einschneidenden Wandel: Die Männer übernahmen von nun an Seefahrt und Fischerei, während die Frauen den gesamten Haushalt sowie die Landwirtschaft bewältigen mußten. Die fleißigen und gleichberechtigt arbeitenden Frauen waren auf der Halbinsel hoch geachtet. Sie hatten sogar das Recht, sich ihren Mann selbst auszuwählen und um ihn zu werben. Dennoch oder vielleicht gerade deshalb war das Zusammenleben in den Familien sehr harmonisch, entsprechend ausgeprägt war der soziale Zusammenhalt der Dorfgemeinschaft.

Typisch für Mönchgut ist das Festhalten an alten **Traditionen**. So war es beispielsweise auf den Bauernhöfen Sitte, daß bei der Geburt der ersten zwei Söhne jeweils rechts und links der Haustür ein Baum gepflanzt wurde. Noch heute findet man besonders in Groß Zicker vor allen Bauernhäusern diese Bäume.

Der Flüchtlingsstrom nach dem Zweiten Weltkrieg veränderte die Zusammensetzung der einheimischen Bevölkerung und damit auch das soziale Leben. Heute knüpfen die Mönchguter wieder bewußt an ihre alten Traditionen an, nicht zuletzt deshalb, weil von Folklore-Veranstaltungen eine große touristische Anziehungskraft ausgeht. So soll künftig in den Dörfern Mönchguts gemeinsam mit den Feriengästen das traditionelle Heringsfest gefeiert werden. Auch das Reusenfest, das man früher beging, ehe die große Reuse im Meer aufgestellt wurde und bei dem es auch manchen derben Spaß gab, wird wieder zum Erlebnis für manchen Binnenländer werden.

Mönchguter in ihrer historischen Tracht

Die hübsche Mönchguter Volkstracht soll bei besonderen Anlässen und
auch in der Gastronomie mehr in den Vordergrund treten. Selbst traditionelle Speisen wie »Dick und Dünn«, »Rügener Aalsuppe«, »Kliebensuppe«,
»Gebratener Hornfisch«, »Appelgriepsch« und »Tollatschen« werden wohl
bald wieder als besondere Delikatessen auf den Tischen der kleinen Dorf-
gasthöfe stehen.

Wat de Mönchgauder giern äten

Rindfleisch mit Pflaumen
Zutaten: 1000 g Rindfleisch ohne Knochen, 50 g Suppengrün, Salz,
350 g Backpflaumen, 50 g Zucker, 2 Eßlöffel geriebener Pfefferkuchen; für die Soße: 5 g Butter, 40 g Mehl, 4 Zwiebeln (gewürfelt),
Petersilie, Salz, Pfeffer
Zubereitung: Das Rindfleisch in etwa 2 l kaltem Wasser ansetzen.
Bei Kochbeginn die Brühe abschäumen, Salz und Suppengrün zuge-
ben und langsam garen lassen. Bevor das Fleisch gar ist, in einem
gesonderten Topf die Backpflaumen mit Zucker und durchgesiebter
Rinderbrühe garen und mit dem geriebenen Pfefferkuchen eindik-
ken. Von 50 g Butter und dem Mehl eine helle Einbrenne herstellen,
mit etwa ¼ l durchgesiebter Rindfleischbrühe auffüllen und glatt-
rühren. Die Zwiebeln in der restlichen Butter rösten und in die Soße
geben, ebenso die Petersilie. Mit Salz und Pfeffer abschmecken.
Mit dem Fleisch zusammen anrichten, Salzkartoffeln als Beilage.

131

Spickaal gebacken
Zutaten: 600 g Räucheraal, 30 g Mehl, 1 Ei, 100 g Semmelmehl,
50 g Butter, ½ Zitrone
Zubereitung: Den Räucheraal in kleine Stücke (150 g) schneiden,
enthäuten und entgräten. Die Aalstücke in Mehl, Ei und Semmelbrö-
seln panieren. In einer Pfanne Butter erhitzen und darin die Stücke
goldbraun ausbacken. Stets mit Zitrone servieren.
Als Beilage eignen sich besonders feine Gartengemüse wie Zucker-
schoten und Spargel. Dazu passen Dill- oder Schwenkkartoffeln.

Himmel und Erde
Zutaten: 800 g gekochte Kartoffeln, 2 Eier, 50 g Butter, 100 g Margarine, 125 ml Milch, 250 g Backobst, Salz, Muskat, 100 g Zucker,
30 g Mehl
Zubereitung: Die gekochten Kartoffeln durchpressen bzw. stampfen
und mit Butter, der Milch sowie Salz und Muskat durchrühren. Danach mit Mehl und Eiern eine feste Masse kneten. Diese dann rund
zu »Buletten« formen und in Margarine braten.
Das Backobst (Backpflaumen, Trockenbirnen, Trockenaprikosen
usw.) mit etwas Wasser sowie dem Zucker kochen und abgekühlt als
Beilage zu den »Buletten« geben.

Grießpudding
Zutaten: 250 g Grieß, 1 l Milch, 40 g Butter, 4 Eier, 60 g Zucker,
20 g Mandeln, ¼ Stange Vanille, 10 g Butter für die Form
Zubereitung: Die Milch mit Vanille und Butter zum Kochen bringen,
den Grieß einrühren und daraus einen steifen Brei kochen. Inzwi-
schen 30 g Butter schaumig rühren, Eigelb, Zucker und gehackte
Mandeln hineingeben, den Grießbrei gut mit der Masse verbinden,
den Schnee vom Eiweiß leicht unterheben und in eine mit 10 g But-
ter ausgestrichene Puddingform geben. Diese verschließen und eine
Stunde im Wasserbad kochen.
Die Form herausnehmen und nach etwa 5 Minuten auf eine warme
Platte stürzen. Eine Fruchtsaftsoße dazu reichen.

Von Baabe nach Middelhagen

Gleich hinter dem Mönchgraben liegt zwei Kilometer von Sellin entfernt linker Hand der Bäderstraße das Seebad **Baabe**, eingebettet in viel Grün. Noch 1876 gab es hier nur 22 Häuser mit insgesamt 160 Einwohnern. 1888 wurde das erste Hotel eröffnet. Eine Bedeutung als Ausflugsziel und Badeort erlangte Baabe jedoch erst im Jahre 1899 durch die neue Bahnverbindung zwischen Sellin und Göhren. 1905 entstand hier das erste Damen- und Herrenbad der Insel Rügen. In den dreißiger Jahren wurde die **Bäderstraße** nach Göhren immer weiter ausgebaut, woran die »Interessengemeinschaft des Badeverkehrs« großen Anteil hatte.

Die kleine weiße Kirche paßt sich freundlich in das Architekturensemble des Ortes ein. Am Ende der großzügigen Strandstraße erwarten den Spaziergänger die Kuranlage mit Konzertplatz und zahlreiche gastronomische Angebote. Hier ist auch der Eingang zu einem der größten Campingplätze der Insel, der sich bis Göhren hinzieht.

Baabes Lage unmittelbar am Strand ist ideal für einen Ostseeurlaub, und es ist für alles gesorgt, was nun einmal zum Wohlbefinden des großstadtmüden Besuchers gehört. Der Strand ist weiß und feinsandig und bietet dem Sonnensucher alles, was er sich zur erhofften Entspannung und Erholung nur wünschen kann.

Von Baabe aus führt uns ein Abstecher entlang der Dorfstraße durch die Baaber Heide nach **Moritzdorf**. Kurz vor diesem Ort sperrt uns ein schmaler Wasserarm, die Moritzdorfer Beek, die Wanderroute, und hier finden wir deshalb auch die einzige Ruderfähre, die sich aus alter Zeit auf Rügen erhalten hat. Wie vor hundert Jahren setzt der Fährmann bedächtig rudernd alles über, was sich den kleinen Urlauberort Moritzdorf zum Ziel gesetzt hat. Hoch über dem Dorf liegt die **Moritzburg**, keine richtige Burg, sondern eine traditionelle Gaststätte mit einem schönen Panoramablick über Salzwiesen und kleine Wasserarme, Wald und Hügelzüge.

Zurück auf der Bäderstraße erreichen wir nach vier Kilometern in Richtung Süden die heimliche Hauptstadt Mönchguts, den bekannten Badeort **Göhren**. Der Name des Ortes geht zurück auf das slawische Wort ›Gora‹ (= ›Berg‹), und auf einem solchen liegt er auch. Schon am Ortseingang bietet sich dem Touristen ein einzigartiger Blick über das vielgestaltige Mönchgut mit seinen kleinen Fischerdörfern, den weichgeschwungenen Höften und der schäumenden See. Hoch über dem Meer ragt die doppeltürmige Kirche neben einem alten, überwachsenen Hügelgrab, dem »**Speckbusch**«, auf. Die stattliche **Kirche** wurde erst 1929/30 an dieser markanten Stelle erbaut. Für die Altargruppe gewann man den Tiroler Bildschnitzer Ferdinand Stufflesser. Ungewöhnlich, aber für diesen Landstrich bezeichnend ist, daß unter den ausgebreiteten Armen des Gekreuzigten nicht Maria und Johannes, sondern ein Mönchguter Fischer und seine Frau stehen, er mit gezogener Mütze, sie mit dem Gesangbuch in der Hand. So bekommt die Kirche eine Beziehung zu Land und Leuten und wird ihnen

Heimat. Der Grafiker Matthes aus Meiningen schuf die vier Glasfenster des Altarraumes, die ebenfalls Motive aus der Seefahrt aufgreifen.

Wandert man durch die Straßen des hochgelegenen Ortes, so gewinnt man den Eindruck, daß sich Göhren bis heute nicht hat entschließen können, was es eigentlich sein will: Bauerndorf, Fischerdorf oder Ferienort. Die wechselvolle Geschichte des Badeortes repräsentieren auch die Bestände des Göhrener **Heimatmuseums**, ein Museumskomplex, der aus verschiedenen Einrichtungen besteht. Eine besondere Attraktion sind die alten Kutschen, mit denen die ersten Badegäste der Insel übers Land gefahren sind. Zum Ensemble des Mönchguter Museums gehören auch das »Rookhus« und das Museumsschiff »Luise«, das hinter den Dünen am Südstrand liegt.

Der Weg zum sechzig Meter hohen **Nordperd**, wie der stolz ins Meer ragende Moränenrest heißt, gehört zu den schönsten Spaziergängen in Göhren. Um diesen östlichsten Punkt der Insel Rügen vor Erosion zu schützen, wurde bereits 1997/08 ein fast 400 Meter langer Steindamm vor dem Nordperd errichtet.

Nur der aufmerksame Betrachter wird das »Drachenhaus«, versteckt im Grün der Landschaft, entdecken. Hier lebte der Schriftsteller Max Dreyer (1862–1946), dem es in seinen Werken gelang, die herbe Schönheit dieser Küstenlandschaft in dichterische Worte zu kleiden. Er hinterließ zahlreiche Romane und Gedichte, die heute zum wertvollen Kulturgut Rügens gehören.

Unweit der Strandpromenade liegt Deutschlands größter Findling in der an dieser Stelle sieben Meter tiefen Ostsee. 1626 Tonnen schwer ist der »Buhskam«, der Gottesstein, bei einem Rauminhalt von 600 m^3. Bis in die dreißiger Jahre dieses Jahrhunderts setzten Göhrener Paare nach der Trauung zum Buhskam über und führten einen Reigentanz zur Huldigung an den Meeresgott auf.

Unsere Route führt von Göhren knapp vier Kilometer weiter in den zentralen Teil der Halbinsel Mönchgut. Mittelpunkt dieser lieblichen Landschaft ist **Middelhagen**, Verwaltungssitz Mönchguts in mittelalterlichen Zeiten. An der Wegzweigung nach Alt Reddevitz inmitten des Ortes liegt ein uralter Krug. Hier werden wohl in früheren Jahrhunderten schon die Mönche gezecht haben. Um die Tradition des Hauses zu bewahren, hat man das Gebäude weitgehend erhalten und nur einen modernen Hotelanbau geschaffen. Gegenüber sehen wir, hinter Büschen versteckt, das **Schulmuseum** von Middelhagen. Der Lehmfachwerkbau beherbergt den Unterrichtsraum einer Volksschule, in der bis 1962 etwa sechzig Kinder gemeinsam unterrichtet wurden. Lediglich ein einziger Lehrer und ein Klassenraum standen zur Verfügung, vier Klassenstufen wurden gleichzeitig unterrichtet, jede in einem anderen Fach. Einrichtung und Ausstattung solcher Schulen waren mehr als dürftig, und viele Dorfschullehrer hatten nie eine pä-

Vorhergehende Doppelseite: Die Göhrener Seebrücke im Abendlicht

Das Schulmuseum in Middelhagen

dagogische Ausbildung absolviert. Auch die Dienstwohnung des Lehrers ist heute wieder originalgetreu ausgestattet und kann besichtigt werden. Und wer sich etwas Besonderes leisten will, kann hier eine Schulstunde im Stil der Jahrhundertwende miterleben und sogar die Sütterlinschrift erlernen.

Zur Gemeinde Middelhagen gehört auch das Dorf **Alt Reddevitz**. Gleich hinter Mariendorf sieht man es am Eingang zum Reddevitzer Höft vor sich liegen. Das Reddevitzer und das Zickersche Höft bilden hier einen Naturhafen für die Fischer der Orte Alt Reddevitz und Gager. So wunderschön das Dorf an der langen Straße auch liegt, es ist nicht zu übersehen, daß mancher Neubau in diesem alten Ort den Bautraditionen auf Mönchgut in keiner Weise entspricht. Nach Osten hin schließt sich ein Campingplatz an, im Westen sind die weiten Hügelketten des Reddevitzer Höftes zu sehen, das man als Naturliebhaber bis zur niedrigen Endküste durchwandern sollte.

Wieder zurück in Middelhagen fällt dem Wanderer die eigenwillige **Kirche** des Dorfes auf. Auch hier ist der Chor mit Rundstabrippen eingewölbt, während die drei Joche des Langhauses durch ein Tonnengewölbe gedeckt sind. Wie so häufig besteht das Fundament weitgehend aus Findlingsblöcken. Ungewöhnlich mag der wenig gestaltete, stumpfe, hölzerne Turm wirken. Die Zisterziensermönche aber errichteten ihre Kirchen streng nach der Ordensregel grundsätzlich ohne Turm. Erst später hat man einigen Kirchen hölzerne Türme angebaut oder Dachreiter aufgesetzt, die die Glocken tragen. Um den Turm besteigen zu können, hat man im 17. Jahrhundert an der südlichen Ecke einen Treppenturm angebaut.

Sehenswert ist im Inneren der spätgotische Katharinenaltar (1480) mit sehr schön geschnitzten Baldachinen. Katharina trägt die Marterwerkzeuge Rad und Richtschwert in der Hand. Die Orgel mit neugotischem Prospekt aus der Mitte des 19. Jahrhunderts wurde an Stelle der nicht mehr erhaltenen Herrschaftsempore im Westteil der Kirche eingebaut. Im Jahre 1842 schenkten acht Lotsen der Gemeinde das Schiffsmodell »Perth«, benannt nach dem Landhaken Nordperd, von dem aus der Seeraum überwacht werden konnte.

Auf dem Friedhof findet man leider nur mit Hilfe der Einheimischen das Grab des Heimatforschers und niederdeutschen Dichters **Fritz Worm** (1863–1931). Er war Lehrer in Alt Reddevitz und hat sich besonders um die Pflege der alten Mönchgutkultur verdient gemacht. Tänze und Lieder des Gebietes wurden von ihm aufgeschrieben und durch Heimatfeste wieder verbreitet. Dazu gehörte z.B. der »Schüddel de Büx«, ein Volkstanz, der wie kein anderer die Mentalität der Fischerbevölkerung widerspiegelt, und auch das Seehundslied »Hal mi den Saalhund«, das in schwerer, getragener Sprache vom Hauptfeind der Fischer, dem damals häufig vorkommenden Seehund, spricht. Worms plattdeutsche Gedichte wurden über die Grenzen des Mönchgutes bekannt. Leider hat ihm bis heute niemand einen würdigen Gedenkstein gesetzt.

Zwischen Reddevitzer und Zickerschem Höft

Am Deich entlang, vorüber an breiten Schilfgürteln, wo bereits das Material für die nächsten rohrgedeckten Häuser heranwächst, führt unser Weg knapp zwei Kilometer weiter nach **Lobbe**. Dieses ehemals bekannte Fischerdorf hat sich nach dem Niedergang der Fischerei mehr und mehr auf den Urlauberverkehr eingestellt. Kleine Hotels und Pensionen hinter dem Deich stehen dem Gast zur Verfügung, und wer mehr Natur um sich haben möchte, nutzt den kleinen Campingplatz in unmittelbarer Nähe der Ostsee. Hügelzüge, wie man hier wohl sagen darf, ziehen sich in sanften Kuppen weit in den Bodden hinein. Der Rasen ist trocken und in erster Linie für Schafzucht geeignet. Nach beiden Seiten schweift der Blick über die Höfte, Wieken und Seen. In der Ferne sieht man Putbus, die Insel Vilm und Bergen.

Die Straße führt in Richtung Süden auf das schönste rügensche Höft zu, auf das **Zickersche Höft**. Rechter Hand liegt das alte Fischerdorf Gager, links das wohl am besten erhaltene Süddorf Rügens, **Groß Zicker**, was im Slawischen soviel wie »Meisenort« bedeutete. Wir gehen zunächst zur kleinen Dorfkirche hinüber, dem ältesten Gebäude auf Mönchgut. Mehrere Restaurierungen erhielten diese spätgotische **Backsteinkirche** in einem sehr guten Zustand. Auch hier finden wir einen später aufgesetzten hölzernen Turm in der Art eines Dachreiters. Unter den schlichten Ausstattungsstükken fällt besonders ein Sakramentsschrein auf. Er wurde aus einem Eichenstamm gehauen, vermutlich die Beilarbeit eines Schiffszimmermannes. Das

Das Pfarrwitwenhaus in Groß Zicker

Alter des klobigen Schreines mag 500 Jahre betragen. Sehenswert sind auch der Leuchter, gestiftet von den Lotsen, sowie die Barockkanzel von 1653. Auffällig ist, daß im Chorraum der kleinen Kirche einige sehr alte Grabsteine aufgestellt worden sind. Sie tragen statt der Namen manchmal nur eine Jahreszahl und die Hausmarke, mit der man früher Haus und Eigentum markierte.

Ein Spaziergang durch Groß Zicker führt uns auch zum **Pfarrwitwenhaus**, einem alten niedersächsischen Ständerhaus mit Vollwalmdach aus dem Jahr 1723. Es ist völlig aus Holz und Lehm gebaut und hat innen sogar noch einen lehmgestampften Fußboden. Der bunte Garten vor dem Haus entspricht in seiner Anlage genau den Gärten, wie man sie früher gestaltete: Gewürzkräuter und Heilkräuter wurden gebraucht, und Bauernblumen, unter ihnen Stockrosen, die in herrlicher Blütenpracht alles überragen. Eingezäunt wurde solch ein Garten vorwiegend mit ausgedienten Fischernetzen. Das denkmalgeschützte Pfarrwitwenhaus zählt zu den am besten erhaltenen Bauernhäusern auf Rügen. Es war Wohnstätte, Stall und Scheune in einem.

Die letzten Ziele dieser Wanderung sind Thiessow und Klein Zicker. **Thiessow**, am Südostzipfel Rügens knapp fünf Kilometer von Groß Zicker entfernt gelegen, ist ein altes Lotsendorf. Für damalige Verhältnisse wurden Lotsen für ihre gefahrvolle Arbeit gut bezahlt. So wirkt auch Thiessow ein wenig großzügiger und wohlhabender in seiner Gesamtanlage als die anderen Dörfer. Kein Ort im Südosten ist so vom Wasser umgeben wie dieser Urlauberort mit einem sehr hübschen und sauberen Campingplatz, einem schönen Strand und den kleinen Hotels und Pensionen.

Von hier aus geht es in einem kurzen Bogen wieder zwei Kilometer in Richtung Norden, wo uns bereits vom Hang eines Hügels **Klein Zicker** grüßt. Niedrige Deiche schützen die weiten Salzwiesen, die dennoch bei Sturmfluten immer wieder überspült werden. Eine Surfschule nutzt das flache Wasser des Boddens, und die bunten vorüberflitzenden Segel bilden einen reizvollen Kontrast zu dem tiefblauen Wasser des Boddens. Ehe der Abend dämmert, sollten wir uns einen der schönsten Blicke über das Mönch-gut gönnen. Wir steigen auf den Zicker Berg. Vorbei an alten Fischerhäusern

mit den tief heruntergezogenen Rohrdächern geht es steil hinauf. Urplötzlich stehen wir auf einem Plateau inmitten einer Fülle von Blumen und genießen den einmaligen Rundblick bis hinüber zur Greifswalder Oie, eine der vielen Inseln vor der Rügenküste, und zum Festland, dessen Küstenverlauf wir bei klarem Wetter bis zur Bäderküste Usedoms verfolgen können. Mit diesem unvergeßlichen Panoramablick beschließen wir unsere Wanderung in den Südosten Rügens.

Blick auf das Zickersche
Höft Mönchgut

6. Hiddensee – dat söte Länneken

Erneut nutzen wir die Straße von Bergen in den Nordwesten, diesmal ohne Abstecher. Wir passieren Zubzow mit dem bekannten Reiterhof und sehen bald darauf die Turmspitze des Schlosses **Granskevitz**, eines der bekanntesten Adelssitze im Norden Rügens. Granskevitz galt als der Stammsitz der weitverzweigten Familie von Platen, deren Vorfahre, Granza von Platen, sich bei der Verteidigung der Arkonaburg in der zweiten Hälfte des 12. Jahrhunderts besondere Verdienste erworben hatte. Als 1846 die männliche Linie der von Platens ausstarb, ging das Gut an die Töchter über. Besitzer wurde der Rittmeister Gustav von Schultz, und in der Hand dieser Familie blieb das Gut bis zur Enteignung im Jahre 1945.

Der älteste Teil des Herrenhauses, die Keller und Feldsteinfundamente, stammen vermutlich noch aus dem 15. Jahrhundert. Man hat die südwestlichen Kellerräume stets gemieden, denn dort wurden um 1507 Pestleichen eingemauert. Einzigartig in dieser Anlage sind die Wehren, die das Schloß mit Ringwällen, Gräben und Brücken zu schützen hatten. Reste davon sind noch zu erkennen. Heute gehört Granskevitz zu den sehenswertesten Schlössern der Insel.

Etwas abseits der Straße nach Schaprode steht bereits das nächste historische Gebäude, das leider mehr und mehr dem Verfall preisgegeben ist. Seit dem 13. Jahrhundert herrschte hier auf **Streu** das weitverzweigte Geschlecht der Herren von der Osten. Vom 17. Jahrhundert an wechselten die Besitzer häufiger. Nach der Familie von Platen wurde das große Gut von dem Geschlecht von Lotzow bewirtschaftet und kam schließlich in die Hand derer von Bohlen. Bis zur Enteignung war Streu dann in bürgerlichem Besitz. Nach dem Kriege diente das Herrenhaus mehreren Familien als Wohnung, derzeit aber ist es unbewohnt.

Nähert man sich weiter dem westlichsten Dorf der Insel Rügen, dem Seefahrerdorf **Schaprode**, so fällt zunächst der Kirchturm mit seiner ungewöhnlichen Haube ins Auge. Er ist so auffällig und weithin sichtbar, daß er seit vielen Jahren als Landmarke für die Schiffahrt dient. Deshalb darf in der Nähe auch kein weiterer Kirchturm errichtet werden.

Der Fährort Schaprode ist für Busse gesperrt, aber auch als Pkw-Fahrer tut man gut daran, auf den großen Parkplatz außerhalb des Ortes auszuweichen, denn Stellplätze für Autos sind in der Hauptsaison schwer zu finden – dafür lohnt ein Spaziergang durch das gepflegte Dörfchen. Am Ortseingang finden wir eine sogenannte »Mordwange«, aufgestellt zur Erinnerung an einen Erschlagenen und als ständige Mahnung für die Täter. Die verwitterte Inschrift läßt sich gerade noch entziffern: »Alle de hyr hinne gan, Ick bidde se eyn klene stan, und bidden godt in korter Tyd make de sele pine guyd, MCCCLXVIII«. An dieser Stelle soll ein Mitglied der Familie von Platen den Tod gefunden haben. Die folgende Inschrift an einem der Dorfhäuser ist da schon freundlicher, besser gesagt, hochaktuell: »Geben Sie dem Arbeiter das Recht auf Arbeit, solange er gesund ist. Sichern Sie ihm Pflege, wenn er krank ist. Sichern Sie ihm Versorgung, wenn er alt ist. Bismarck«.

Auch wenn Schaprode nicht mehr an seine Tradition als altes Seefahrerdorf anknüpfen kann, liegen nach wie vor große und kleine Schiffe im Hafen. Es sind zumeist Passagierschiffe, die unzählige Hiddenseebesucher auf »dat söte Länneken« bringen. So ist es zumindest heute. Und wie war es früher? Wie der ursprüngliche Name des Ortes einmal lautete, ist umstritten. Vielleicht Szabroda, Scaprode oder Skaparödd – jedenfalls bedeutet er »hinter der Furt«. Der dänische Chronist Saxo Grammaticus berichtet von der Landung der Dänen (1160) mit einem gewaltigen Heer im Hafen von Skaparödd. Von Schaprode aus rückte im Jahre 1168 auch das Dänenheer auf Arkona zu, um die alte Tempelburg zu erobern.

Am jenseitigen Ufer des kleinen Wasserarms, der heute den Hafen bildet, liegt die **Insel Öhe**. Hier soll in alten Zeiten ein großes Rittergut gestanden haben, von dem aber heute nichts mehr zu finden ist. Die Öhe ist jetzt eine Kuhweide. Im Laufe der Jahrhunderte entwickelte sich Schaprode zum Einliegerdorf. Hier wohnten die Tagelöhner und Arbeiter der umliegenden Güter. Auch Fischer und Schiffer fanden hier ihr Auskommen. Den eigentlichen Aufschwung als Seefahrerort aber nahm das kleine Dorf an der Westküste durch den Nordischen und den Siebenjährigen Krieg. Die Seeleute an der deutschen Küste verdienten durch Lieferungen an die Kriegsparteien gutes Geld. Das führte zur Blüte der Seefahrt, die auch dem kleinen Dorf Schaprode Wohlstand brachte. Aus kleinen Schutenschippern wurden stolze Kapitäne von Yachten und Galeassen, Brigantinen und Schonern, die Handel auf den Meeren trieben.

Viel sieht man dem Dorf davon heute nicht mehr an. Die Nachfahren der alten Kapitäne sind zu Gastgebern für Feriengäste, zu Campingplatzleitern, Hoteliers oder zu Führern von Wassertaxis geworden. Und wenn es auch manchmal ein wenig unruhig wird in Schaprode, man profitiert vom allgemeinen Drang zur Insel Hiddensee.

Ernst und mahnend steht die **Kirche** inmitten des Ortes, von der man sagt, daß sie die drittälteste Kirche Rügens sei, gebaut zu Beginn des 13. Jahrhunderts. Das Langhaus der Kirche ist vierjochig angelegt mit gotischen Rundstabeinwölbungen und ruht auf einem Fundament von behauenen Findlingsblöcken. Sie gaben nicht nur einen sicheren Stand, sondern sperrten auch das Grundwasser ab. Der barocke Dachreiter wurde erst 1668 aufgesetzt. Im Kircheninnern fällt dem Besucher zunächst die spätgotische Triumphkreuzgruppe ins Auge, die um 1500 entstand. Wunderschön sind die Muster der durchbrochenen Kreuzblumen an den Enden des Kreuzes. Außer dem Kreuz stehen zwei trauernde Gestalten auf dem Lettnerbalken. Hans Broder aus Stralsund schuf gemeinsam mit dem Maler Franz Rose 1722 Beichtstuhl und Kanzel, während die Herkunft des Altaraufsatzes nicht bekannt ist.

Die Kirche von Schaprode

Auf Hiddensee

»Am eigentümlichsten sind die Hiddenseer, die fast alle blauäugig, blond, von gelblicher, gesunder Gesichtsfarbe, viele lang und schlank von Statur, Fischer und Seeleute – daher ist ihre Tracht aus selbstgefertigtem Warp und Zigöt eine seemännische –, wenig wohlhabend, nicht frei von Habsucht und Eigennutz, mit vorherrschender, tiefwurzelnder Heimatliebe sind...« (Eduard Duller, 1847)

Am Hafen erwarten uns schon die Schiffe der »Weißen Flotte« und der Reederei Hiddensee. Der Urlauber hat die Wahl zwischen verschiedenen Fährverbindungen: von Schaprode nach Neuendorf und Vitte, nur nach Vitte, nach Vitte und Kloster, nur nach Kloster. Auch die etwas längere Überfahrt mit mehreren Zwischenstops lohnt den Zeitaufwand, denn die Fahrt zwischen der Mutterinsel Rügen und Hiddensee ist wegen der Vielgestaltigkeit der Küsten immer abwechslungsreich und schön. Die Schiffe können nicht direkt die Häfen ansteuern, weil die Gewässer zwischen den Inseln teilweise so flach sind, daß man sie auch zu Fuß passieren könnte. Deswegen mußte man Fahrrinnen ausbaggern, die durch Bojen markiert sind und streng eingehalten werden müssen, will der Kapitän sein Schiff nicht auf den Sand setzen. Die sogenannte »Hauptstraße« führt von Stralsund in die offene See; von ihr zweigen die »Nebenstraßen« nach Neuendorf, Vitte und Kloster ab.

Folgende Doppelseite:
Der Leuchtturm auf dem Dornbusch ist das Wahrzeichen Hiddensees

Der Blick vom Schiff auf die kleinen Orte bringt den Gast auf den Gedanken, es seien Halligdörfer, deren Häuser fast im Wasser stehen. Weiß leuchten die Ortschaften in der Sonne, Kormorane streichen dicht über die bewegte See. Elegante Jachten und dunkel geteerte Fischkutter sind begehrte Fotomotive der Touristen, und die langen Netzwände der Reusen zeugen von der noch immer lebendigen Fischerei auf Hiddensee.

Über den Bordlautsprecher der Fährschiffe erfährt der Gast bereits einiges über die Trauminsel und ihre Besonderheiten. **Hiddensee** zieht sich vor der Westküste Rügens wie eine schützende Landbarriere hin. Im Norden erhebt sich das Hügelland des Dornbusches mit dem markanten weißen Leuchtturm. Zu Füßen dieses Berges liegt Kloster, das Künstlerdorf der Insel. Der Sand, den die ständige Strömung von den »Hängen« des nördlichen Dornbusches abspült, legt sich im Strömungsschatten des Hügels wieder ab. So hat sich auf der Westseite die lange Schmalseite gebildet, und auf der Ostseite wachsen zwei weitere Nehrungen, die jährlich bis zu fünf Meter länger werden. Es sind der Alte und der Neue Bessin, ein ideales Schutz- und Brutgebiet für Seevögel. Wandert man an der Küste Hiddensees nach Süden am Strand entlang, so wird der Sand von Kilometer zu Kilometer feiner und mündet schließlich in ein weiteres Vogelschutzgebiet, den Gellen mit dem Gänsewerder.

Der Kapitän teilt den Passagieren auch einige Zahlen über die Insel mit, die zwar mit der Schönheit dieses Eilandes wenig zu tun haben, aber das Wissen der Gäste bereichern oder vielleicht auch korrigieren können. Die Insel Hiddensee hat demnach eine Fläche von 18,6 km², ihre Länge beträgt 16,5 km und nur 3,7 km mißt ihre breiteste Stelle. Hier wohnen 1200 Menschen, zum größten Teil Alteingesessene, die ihre Insel liebevoll »dat söte Länneken« nennen. Vom höchsten Berg der Insel, dem Bakenberg auf dem Dornbusch, kann man bei klarer Sicht sogar die dänische Insel Møn mit ihren Kreidefelsen erkennen. Früher, als es die »Weiße Flotte« noch nicht gab, lebte auf der Fährinsel ein Fährmann, der die Pflicht hatte, jeden, der vom gegenüberliegenden Seehof nur deutlich genug winkte, gegen ein Entgelt abzuholen und auch wieder zurückzubringen. Doch dann war der Passagier erst auf der Fährinsel, und ob der Fährmann nun bereit war, den weiblichen Teil der Gäste über den schmalen Wasserweg zu tragen, soll immer vom Aussehen und Gewicht der Damen abhängig gewesen sein. Die Herren mußten die Hosen hochkrempeln und waten. Heute ist die Fährinsel Brutgebiet für Seevögel.

Wir legen in **Neuendorf**, dem südlichsten Ort der Insel, an. Eigenwillig präsentiert sich das Fischerdorf mit seinen 300 Bewohnern dem Besucher. Richtige Wege gibt es hier nur wenige, dafür aber einen dichten Rasen, der nicht nur schmückt, sondern auch die Inselfläche festigt. Noch erstaunter ist der Gast, wenn er feststellt, daß in Neuendorf Zäune, Wege und eingefriedete Grundstücke zu den Seltenheiten gehören. Die Hiddenseer wissen auch so, was ihnen gehört – aber der Gast?

In'n Gauden

An einem warmen Sommertag, der ein besonders klares Blau an den Hiddenseehimmel gezaubert hatte, beschloß Herr Obersteuerinspektor Bolle aus Berlin, vor dem Abendessen noch ein erfrischendes Bad in der windgekräuselten Ostsee zu nehmen. Den Bademantel lässig über die Schulter geworfen, mit den Lerchen um die Wette trällernd, wanderte der würdige Herr quer über die Weiten des Insellandes, winkte heiter den Möwen zu und achtete nicht auf das Unheil, das seiner unbeschwerten Ferienstimmung ein jähes Ende setzen sollte. Warum? Der Herr Obersteuerinspektor hatte die ungeschriebenen Gesetze des »söten Lännekens« gröblichst verletzt, und so sah er sich plötzlich einem knüppelschwingenden Eingeborenen gegenüber, dessen grimmige Miene keinen Zweifel an seinem gerechten Zorn aufkommen ließ. Mit einer Stimme, die bis in den letzten Winkel der Insel zu dringen schien, donnerte er den verblüfften Bolle an: »Wenn sei hier nochmal räwergahn, hau' ick sei mit'n Knüppel vör'n Kopp!« »Meinen Sie mich?« stammelte der verblüffte Gast, über dessen Haupt zur Unterstützung der Worte und für den Fall, daß der Badegast kein Platt versteht, bereits ein grober Stock kreiste. »Jo, wat hebben sei äwer min Grundstück tau pedden?«

»Entschuldigen Sie, Herr Fischer«, stotterte der verschüchterte Sündenbock, »ich konnte ja nicht wissen, daß das Ihr Grundstück ist.«

»Na ja«, der Knüppel senkte sich friedlich, »dorüm segg ick sei dat jo ok in'n Gauden!«, sprach's und stiefelte befriedigt zu seinen zwei friedlich weidenden Schafen.

Die rohrgedeckten und weiß getünchten Häuser von Neuendorf sind in ihrer Längachse von Ost nach West ausgerichtet, so schützt eines das andere vor den schweren Weststürmen, die sich im Herbst über der Insel austoben. Auch sonst wird das gemeinschaftliche Leben und Arbeiten hier groß geschrieben. »Wenn im Frühjahr«, so berichtete ein Inselbesucher vor hundert Jahren, »die Farbe von Regen und salzigen Winden von den Hauswänden gewaschen worden war, wurde an einem vorher festgelegten Tag ein riesiger Kübel mit aufgeschlemmter Kreide mitten ins Dorf gefahren. Zu dem Zeitpunkt waren bereits alle Wohnungen ausgeräumt und bald begann ein eifriges Streichen. Noch am gleichen Abend leuchteten alle Häuser außen und innen in schneeiger Weiße.«

Südlich von Neuendorf stehen brav aufgereiht hinter den Dünen die Häuser des Ortsteils Plogshagen. Geht man aber in Richtung Norden nach Vitte, steht man bald staunend inmitten eines Naturparadieses. Hier leuchtet die sogenannte »**Dünenheide**« mit unzähligen winzigen Blütenköpfchen in der Sonne, umringt von Birken und Vogelbeerbäumen. Mitten in diese Heide

Die Blaue Scheune in Vitte

kuscheln sich kleine Urlauberhäuschen aus früheren Zeiten, sauber und
gepflegt, mit tief heruntergezogenem Rohrdach, eingefriedet von naturbe-
lassenen Treibholzzäunen oder Hecken aus wilden Rosen. Hier hört man
nur das Summen der Bienen und das Rauschen der Ostsee vom nahe
gelegenen Strand. Kein Autolärm oder das Knattern von Motorrädern stört
die Idylle, denn Hiddensee ist für den privaten Autoverkehr gesperrt.

Vitte ist der größte Ort und das administrative Zentrum Hiddensees. Hier
begegnet uns das muntere Urlauberleben in seiner ganzen Vielfalt. Kleine
Hotels und Pensionen warten auf den Badegast. Vor dem Deich lagern sich
Sonnenanbeter mit oder ohne schützende Kleidung. Ursprünglich allerdings
hatte das weiße Dorf am Meer mit Feriengästen nichts zu tun: Bereits im
14. Jahrhundert hatten die norddeutschen Hansestädte für die Zeit der Heringssaison kleine Dörfer angelegt, in denen der um Rügen gefangene Hering in Tonnen eingesalzen und später verkauft wurde. Diese Umschlagplätze nannte man zu Hansezeiten Vitten.

Sehenswert ist heute in Vitte unter anderem die etwa 200 Jahre alte **Blaue
Scheune«**, Atelier von Malern, die sich in das besondere Licht der Insel
verliebt hatten. Blau hat der Besitzer die Scheune gestrichen, das ein wenig aus dem Rahmen fällt, aber es paßt zu Hiddensee, so wie auch das
»Schiefe Haus« am Ortsausgang nach Kloster, an dem es keine Wand gibt,
die waage- oder lotrecht gebaut ist. Der Bauherr wollte es so. Auch das
etwas ungewöhnliche Haus des Stummfilmstars Asta Nielsen gleich ne-
benan fügt sich keineswegs in die einheimische Bautradition ein, ist aber
heute ein »Markenzeichen« Hiddensees.

Blickt man etwas genauer zu den kleinen Häuschen an der Dorfstraße, so fal-
len über den Haustüren die sogenannten **Hausmarken** auf, die jedem Haus
sein eigenes Symbol zuordnen. Diese
runenartigen Zeichen wurden im 13./
14. Jahrhundert von niedersächsischen
Siedlern eingeführt und markierten den
beweglichen Besitz: Alle Dinge, die
zum Haus gehörten, Ruder, Boote,
Netzträger, Karren und Geräte, ja,
manchmal sogar die Schafe, trugen
dieses Zeichen. Diese Hausmarken
werden als kostbares Kulturgut heute

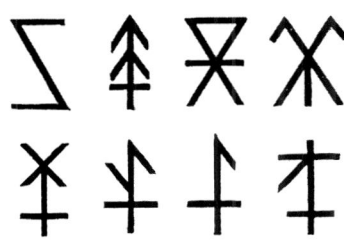

*Hausmarken der Bauern auf
Rügen, 16. Jahrhundert*

wieder gepflegt, vor allem von den alteingesessenen Familien. Gerhart
Hauptmann hat übrigens zwei der typischen Familiennamen in seinem Thea-
terstück »Schluck und Jau« verewigt.

Verlassen wir Vitte in Richtung Kloster, dann recken sich gleich hinter
dem Deich die unzähligen Masten des Jachthafens in den Inselhimmel,
und weitere Segler nähern sich mit rauschender Bugwelle ihrem Urlaubsparadies.

In **Kloster** gibt es zahlreiche kleine Läden, Maler stellen ihre auf Lein-
wand gebannten Inselerlebnisse aus, und wartende Urlauber bevölkern das
Hafengebiet. Und dennoch sieht Kloster zunächst nicht so recht
»hiddenseeisch« aus. Das Architekturgemisch dieses Ortes verdanken wir
wohl so manchem Kunstbeflissenen der Jahrhundertwende, der zwar auf
Hiddensee eine heile Welt gefunden zu haben glaubte, aber diese Entdek-
kung sofort seinen Vorstellungen entsprechend mit Schwarzwaldhäusern,
kleinen Schlößchen und anderen »Importen« zu schmücken trachtete. Das
Erscheinungsbild des Ortes wandelt sich erst, wenn man sich den Hängen
des Dornbusches zuwendet, wo wir wieder »Hiddensee in Reinkultur« finden.

1296 schenkte Wizlaw II. »Hyddensee« dem Zisterzienserkloster Neuenkamp, das hier ein Tochterkloster gründete. Die Mönche betrieben auf der
Südspitze, dem Gellen, ein Leuchtfeuer mit Holz und Teer als Orientie-
rung für die Schiffahrt. 1302 wurde hier dann eine Kapelle für Schiffer und
Kaufleute eingeweiht. Die Ordensbrüder bauten außerdem einen kleinen
Hafen und ein Hospital, kultivierten den Norden der Insel und betätigten
sich als Fischer. Nach der Säkularisierung 1534 wurde das Ordenshaus
geschlossen, die stattlichen Gebäude verfielen danach sehr schnell. Die
Hiddenseer, immer arm an natürlichen Baumaterialien, trugen Mauer für
Mauer ab und verwendeten die gewonnenen Steine zum Bau eigener Häuser. So findet man vom einstigen Kloster nur noch bei Ausgrabungen Mo-
saike und alte Fundamente. Aus der Zeit der Mönche blieben außerdem die

Die Inselkirche ist das älteste Bauwerk Hiddensees

kleinen Fischteiche erhalten, die dem Kloster vermutlich wohlschmeckende Karpfen lieferten.

Die spätgotische **Dorfkirche**, die uns die Mönche hinterlassen haben, gehört zu den Kleinoden Hiddensees. Sie ist das älteste Bauwerk der Insel. Links des Weges, der zur Inselkirche führt, liegen uralte Grabsteine zwischen den grünen Halmen. Mit schwerer Hand wurden ein paar Buchstaben in den Granit gemeißelt, manchmal auch nur eine Hausmarke mit Jahreszahl. Wir betreten das Gotteshaus durch den Seiteneingang unter den Glocken hindurch, die in einem starken Balkengerüst hängen, als hätte sie ein Schiffszimmermann für die Ewigkeit dort erhalten wollen. Der ehemalige Haupteingang an der Schmalseite wurde vermauert, die Weststürme machten den Kirchenbesuchern wohl doch sehr zu schaffen.

Hell und freundlich wirkt die Kirche im Inneren. Der 1410 geweihte Kirchenbau wurde nach dem Dreißigjährigen Krieg fast völlig zerstört und verfiel, erst 1781 konnte die Kirche umgebaut und umfassend restauriert werden: Fenster- und Türöffnungen wurden vergrößert, und man zog ein hölzernes Tonnengewölbe ein. Die Ausstattung übernahm man aus einer abgerissenen Kirche auf Rügen. Ungewöhnlich ist der Kanzelaltar in der Mitte der Ostseite, den man auf den Altartisch stellte. Der ein wenig grimmig dreinschauende Taufengel im derben Bauernbarock trägt eine Schale mit Taufwasser in der vorgereckten Hand. Früher wurde er bei der Taufe heruntergelassen, und man entnahm ihm das Wasser für den Taufvorgang. Leider funktioniert heute die Mechanik nicht mehr, und der Engel muß sich künftig die Taufe von der Decke aus betrachten. Übrigens werden alle Hiddenseer mit dem salzigen Wasser der Ostsee getauft.

Das Gemälde von der Rettung Schiffbrüchiger an der Galerie der Empore beschreibt eine Situation, der sich die Küstenbevölkerung immer wieder stellen mußte und selbstverständlich gestellt hat. Das Bild wurde von Christoph Rosenow, dem Sohn eines Inselpastors, gemalt und zeugt von erstaunlicher Sachkenntnis. Das Kircheninnere veränderte sich 1922 nochmals entscheidend, als nämlich der Maler N. Niemeier das hölzerne Tonnengewölbe mit Rosenwolken verzierte.

Unser Gang führt uns wieder aus der Kirche heraus zu einem gewaltigen Granitblock. Keine erklärende Inschrift finden wir – nur den Namenszug von Gerhart Hauptmann. Auch vor anderen Gräbern sollten wir einen Moment verweilen, denn hier ruhen viele Künstler, Dichter und Denker, die Hiddensee als Rückzuggebiet für sich entdeckt hatten, in dem sie neue kreative Impulse für ihr Werk fanden, z.B. Oskar Kruse (1847–1919), der Schwager der »Puppenmutter« Käte Kruse, von den Hiddenseern noch heute liebevoll »die Puppenkäte« genannt, Hans Pflugbeil (1909–1974), langjähriger Leiter der Kirchenmusikschule Greifswald, Gret Palucca (1902–1993), Ballettänzerin und Leiterin der Paluccaschule in Dresden, berühmt weit über Deutschlands Grenzen hinaus, Arnold Gustavs (1875–1956), Inselpastor, Forscher und Schriftsteller, Walter Felsenstein (1901–1975), langjähriger Leiter der »Komischen Oper« Berlin. Sie alle hatten Hiddensee in

Gerhart Hauptmann auf Hiddensee

»Diese Klarheit! Dieses stumme und mächtige Strömen des Lichtes! Dazu die Freiheit im Wandern über die pfadlose Grastafel. Dazu der Salzgeschmack auf den Lippen. Das geradezu bis zu Tränen erschütternde Brausen der See... Der erste Eindruck, den man von Hiddensee empfing, war der von Weltabgeschiedenheit und Verlassenheit. Das gab ihm den grandiosen und furchtbaren Ernst unberührter Natur und dem Menschen, der in dieses Antlitz hineinblickte, jene mystische Erschütterung, die mit der Erkenntnis von den Grenzen seines Wesens und der menschlichen Kultur überhaupt verbunden ist...
Diese Eindrücke zwingen die Seele zur Einfachheit. Alles Gekünstelte, alles Städtisch-kulturell-aufgedrängte fällt von ihr ab. Das ist das Gesuchte, das ist das Gesunde. Aber eingeschläfert sind darum unsere Nerven nicht. Im Gegenteil, sonderbar aufgestört.«

So beschrieb einer der bedeutendsten deutschen Dramatiker seine Beziehung zur Insel Hiddensee. Gerhart Hauptmann wurde am 15. November 1862 im schlesischen Obersalzbrunn geboren. Der Nobelpreisträger für Literatur (1912) verhalf mit seinen Werken dem

Naturalismus seiner Zeit in der Dramatik zum Durchbruch, vor allem mit der Tragödie »Vor Sonnenaufgang« (1891), der dramatischen Bearbeitung des Weberaufstandes von 1848 mit »Die Weber« (1892) und der Komödie »Der Biberpelz« (1893). Das ›Insel-Motiv‹ spielte im literarischen Schaffen Gerhart Hauptmanns eine herausragende Rolle, und seine Aufenthalte auf Hiddensee trugen wesentlich zu seiner Ausformung und Vertiefung bei. 1885 weilte der Dichter erstmals auf Hiddensee, und seither war er sehr häufig auf der Insel, lebte zeitweise in Kloster und

kaufte 1930 »Haus Seedorn« im Kirchweg zu Kloster. Zu Beginn des 20. Jahrhunderts als zweigeschossiges Giebelhaus errichtet, ließ Hauptmann Kreuzgang, Arbeitszimmer und Speiseraum anbauen, und fortan diente die Villa dem Dichter während seiner Aufenthalte auf Hiddensee als Arbeits- und Wohnhaus. Heute befindet sich in ihr die Gerhart-Hauptmann-Gedenkstätte, die Innenräume und das Mobiliar blieben weitgehend unverändert.

Nach seinem Tod am 6. Juni 1946 wurden die sterblichen Überreste Gerhart Hauptmanns nach Hiddensee gebracht, wo sie am 28. Juli auf dem Friedhof von Kloster beigesetzt wurden.

ihr Herz geschlossen und sind der Insel auch nach ihrem Tode treu geblieben.

Nördlich von Kloster erstreckt sich der **Dornbusch**, eine zauberhafte Hügellandschaft, die zu ausgedehnten Wanderungen einlädt. Wir tauchen ein in blühende Ginsterbüsche, durchsetzt von dichten Hecken wilder Rosen, und wandern weiter zum Hochland hinauf in Richtung Leuchtturm. Vorbei an Sanddornsträuchern, die den Berg am herrlichsten schmücken, wenn die kleinen orangefarbenen Beeren reif sind, schweift der Blick über das vielgestaltige Inselland. Rechts ragt wie ein Schlößchen die **Lietzenburg** das Heim Käte Kruses, aus dem Grün der Wälder. Dann gleitet der Blick über die Unendlichkeit des Meeres mit den zarten Linien anrollender Brandung. Weiße Strände ziehen sich bis zum Südzipfel der Insel. Von hier aus können wir auch zu den beiden Bessinen hinüberblicken, die als Naturschutzgebiet ausgewiesen und größtenteils gesperrt sind. Die Ostseite zeigt sich so, wie die Natur sie durch Strömung und Verlandungsprozeß gestal-

Rechte Seite: Blick vom Dornbusch über Hiddensee nach Rügen

tete: zerrissen, zerklüftet, mit der vorgelagerten Fährinsel und den weißen Fährschiffen.

Hier oben ist Zeit, noch ein wenig über die Vergangenheit Hiddensees zu plaudern. Auch diese stille Insel war bereits zur Stein- und Bronzezeit besiedelt, wovon Grabstätten und archäologische Funde zeugen. Zur Slawenzeit gab es wahrscheinlich nur zwei armselige Dörfer auf der Insel, deren Bewohner auf dem kargen Boden nur mühsam ihr Leben fristen konnten und sich überwiegend von Fischfang ernährten. Aufschwung nahm Hiddensee erst durch die Gründung des Klosters, der Abtei des Hl. Nikolaus, im Jahre 1296. Im Mittelalter war die ganze Insel noch mit dichten Wäldern bestanden, auf dem Dornbusch herrschte die Eiche vor, während im Süden die Erle dominierte. 1628 ließ der dänische König Christian IV. den bewaldeten Dornbusch vollständig abholzen und das Holz nach Kopenhagen verschiffen. Nicht nur die Tier- und Pflanzenwelt nahm dadurch verheerenden Schaden, auch die Insulaner litten unter dem Mangel an Brenn- und Bauholz und mußten in den folgenden Jahren mit Viehdung heizen. Ein Kaufmann aus der Hansestadt Stralsund ließ dann 1757 nahe der Hucke, einer Landspitze am nordwestlichen Dornbusch, Ton graben. Lange Zeit wurden in der Stadt aus diesem Material Fayencen gebrannt, doch dann ging diese Manufaktur wieder ein.

Ein besonderes Ereignis für die Insel brachte das Jahr 1872. Es sollte Hiddensee in ganz Europa ins Gespräch bringen. Nach einer schweren Sturmflut in der Nacht zum 12. November, die zahlreiche Katen wegspülte, wurden in der Nähe von Neuendorf Teile eines herrlichen **Goldschmucks** an den Strand geworfen. Die Insel geriet in ein Goldfieber, zumal das Museum bereit war, für jeden Fund hohe Prämien zu zahlen. Nach und nach kam ein fast kompletter Schmuck zusammen: ein Halsring aus drei gezwirnten Golddrähten, eine flach gewölbte Buckelscheibenfibel und vierzehn Anhänger einer Kette, zum Teil mit vogelkopfähnlichen Tragösen. Dieser Goldschmuck gilt als eine der qualitativ wertvollsten Arbeiten wikingischer Handwerkskunst aus dem 10. Jahrhundert. Das Original ist heute im Besitz des Kulturhistorischen Museums von Stralsund, das **Inselmuseum** in Kloster zeigt eine verkleinerte Kopie. Darüber hinaus wird man dort sehr anschaulich über die Lebensweise der Hiddenseebewohner und die Arbeit der Vogelwarte informiert.

Nur noch wenige Schritte trennen uns auf unserer Tour über das Hochland vom weißen Leuchtturm, dem Wahrzeichen der Insel. 1888 wurde er auf dem **Schluckswiek**, der mit 72 Metern höchsten Erhebung Hiddensees, errichtet, und 1927 erhielt er zur Stabilisierung einen Mantel aus Eisenbeton. Allabendlich sendet er seine Lichtsignale auch heute noch bis zu fünfzig Kilometer über das Meer hinaus zum Nutzen der Seefahrer und zur Freude der Inselbesucher. Seit 1996 dürfen ihn erstmals auch Touristen besteigen – und die Aussicht lohnt den Weg, denn von hier aus hat man einen freien Blick zur Insel Rügen und den Kirchtürmen von Stralsund.

7. Ausflug nach Stralsund

Von Bergen, der Hauptstadt Rügens, führt die B 96 in südwestlicher Richtung zurück auf das Festland. Einen kurzen Halt machen wir noch in **Rambin**. Schon von der Straße aus fällt die kleine Kapelle inmitten einer Parkanlage auf. Sie wurde um 1334 von dem Stralsunder Ratsherrn Godeke von Wickede gestiftet. Das kleine **St. Jürgen-Kloster** diente »zu Gebrauch und Pflege von Armen und Aussätzigen auf Rügen«. Es wurde lange Zeit als Altersheim genutzt, der Chor war als Kapelle in Gebrauch. Heute finden dort Ausstellungen von Künstlern statt. Mit dem Namen des Klosters St. Jürgen aber hat es eine besondere Bewandtnis. Noch heute erzählt man sich von einem furchtbaren Drachen, der in der Nähe von Rambin gelebt haben soll. Er vergiftete mit seinem Atemhauch alle Menschen, die in seine Nähe kamen. Eines Tages aber kam der Ritter St. Jürgen. Er wartete ab, bis der Drache eingeschlafen war. Dann ritt er in die Höhle des Untiers und durchbohrte es mit seinem langen Spieß. Von nun an konnten alle Menschen in Rambin wieder frei, glücklich und ohne Angst vor dem Drachen leben. Aus Dankbarkeit erhob man den Ritter St. Jürgen zum Schutzpatron der Aussätzigen. Auch das Hospital erhielt seinen Namen und trägt ihn heute noch.

Sechs Kilometer weiter geht unsere Fahrt auf der B 96 nach **Altefähr**. Dieser Ort gehörte eigentlich immer mehr zu Stralsund als zu Rügen. Angelegt in einer Uferliete, war die Ortschaft gegen Stürme weitgehend geschützt. Schon immer war hier der Übergang vom Festland zur Insel Rügen und damit der Ausgangspunkt fast aller alten Inselstraßen. 1240 wurde das Gebiet vom Fürsten Wizlaw I. an Stralsund abgetreten und bis ins 17. Jahrhundert gehörte Altefähr der Hansestadt, die dadurch den gesamten Fährverkehr kontrollieren konnte. Die Ruder- und Segelfähren wurden 1856 von einer Dampffähre abgelöst, die wegen ihrer flachen Bauweise von den Einheimischen »die Flunder« genannt wurde. Sie setzte bereits Eisenbahnwaggons über. Erst mit dem Bau des Rügendamms im Jahre 1936 wurde der Fährverkehr endgültig eingestellt.

Heute ist Altefähr ein Naherholungsgebiet für Stralsund. Schiffe bringen die stadtmüden Hansestädter an Wochenenden an den kleinen Strand von Altefähr. Kommt man mit dem Schiff über den Strelasund, so richtet sich der Blick zunächst auf die rot leuchtende Kirche des kleinen Fährortes. Die gotische **Kirche** von Altefähr liegt im oberen Teil des Ortes und ragt über die Uferbebauung hinweg. Um 1325 hatten die Stralsunder hier bereits eine Kapelle erbauen lassen. Erst hundert Jahre später entschloß man sich, eine Kirche mit einem vierjochigen Langschiff und einem zweijochigen Chor zu errichten. Der Turm trägt eine achteckige Haube und ist seit 1912 im Untergeschoß eingewölbt. Bei einer größeren Restaurierung und Reparatur der Kirche im Jahre 1737 wurden Tonnendecke und Balkendecke im Chor eingebaut. Der barocke Altar ist ein Werk des Stralsunders Michel Müller (1746), die Kanzel entstand 1667 bis 1674. Aus der ältesten Zeit der Kirche stammt die gotische Fünte aus schwedischem Kalkstein mit zwanzig Rundbogenmustern an der Kuppa.

Blickt man von Altefähr über den Strelasund auf die historische Silhouette der alten Hansestadt **Stralsund**, hat man eines der schönsten Stadtbilder Deutschlands vor sich: *»Ein desto schönerer Anblick ist Stralsund von Rügen aus mit seinen hohen und gothischen Thürmen, dem wunderbar gebauten Rathaus, und den vielen spitzigen Giebeln, mit durchbrochenem Mauerwerk. Die Schiffe davor und die lebhafte Bewegung am Strande geben ihm noch ein größeres Ansehn.« (Wilhelm von Humboldt)*

Das leicht bewegte Wasser des Strelasunds und der blaue Himmel darüber geben der Stadt einen würdigen Rahmen, die drei repräsentativen Kirchen, St. Marien, St. Jakobi und St. Nikolai sind ihre Wahrzeichen.

Statistische Angaben wirken im Vergleich zu diesem Anblick sicher nüchtern: Stralsund ist heute eine kreisfreie Stadt mit ca. 61.000 Einwohnern. Man könnte von einer Insellage sprechen, denn nur der Frankendamm, der Tribseer Damm und der Knieper Damm verbinden die Altstadt mit dem eigentlichen Festland. Zwischenzeitlich ist Stralsund längst über seine alten Grenzen hinausgewachsen und hat drei Vorstädte: Knieper im Norden, Tribseer im Westen und die Frankenvorstadt im Süden. Ursprünglich waren diese Vorstädte Ackerbürgersiedlungen, die sich vor der Stadtmauer befanden. Ihr Ausbau erfolgte erst im 19. Jahrhundert. Mit dem Bau der Eisenbahn (1863) und der Nordbahn nach Berlin (1878), besonders aber mit der Verlängerung der Strecke bis Sassnitz und der Eröffnung der Trajektlinie nach Trelleborg in Schweden, wurde Stralsund zum Tor nach Skandinavien, das mit dem Bau des **Rügendamms** 1936 noch an Bedeutung hinzugewann. Größter Industriebetrieb der Stadt war und ist die Volkswerft, die mit 7000 Beschäftigten zu DDR-Zeiten hochseetüchtige Fischereifahrzeuge für die damalige Sowjetunion baute. Heute sind noch ca. 2000 Beschäftigte in der Stralsunder Werftindustrie tätig.

Das Gesicht Stralsunds wird jedoch vor allem von der Altstadt geprägt. Sie ist ein Gebilde von verschlungenen Straßen, verfallenen und wieder restaurierten Giebelhäusern, von Hafenanlagen und steil aufragenden Speichern, von Klöstern und Kirchen, Bastionen und Stadtmauern. Zu DDR-Zeiten wegen fehlender finanzieller Mittel teilweise dem Verfall preisgegeben, ist Stralsund seit 1990 eine von elf Modellstädten, die mit Hilfe eines Sonderprogramms der Bundesrepublik restauriert werden.

Wir beginnen unseren Spaziergang durch Stralsund beim berühmten **Rathaus** am Alten Markt, das zu den schönsten Profanbauten der norddeutschen Backsteingotik zählt. Ursprünglich waren es zwei nebeneinander liegende Giebelhäuser, zwischen denen eine Ladenstraße hindurchführte. Man kann die Verkaufsstände noch heute in der Passage deutlich erkennen. Die-

Daten zur Geschichte Stralsunds

1234   Von Fürst Wizlaw I. wird die deutsche Kaufmannsstadt Strals gegründet, ihr wird das lübische Stadtrecht verliehen. Das älteste Stadt-
siegel Stralsunds von 1265 zeigt ein Schiff und die Spitze eines
fliegenden Pfeiles (slaw. ›stral‹ = ›Pfeil‹)

1249   Durch einen Überfall der Lübecker Flotte entstehen in Stralsund
große Schäden. Um sich zukünftig vor solchen Überfällen zu schützen, bauen die Bürger starke Wälle, Gräben und Mauern um den
Stadtkern.

1271   Eine Feuersbrunst vernichtet große Teile der Stadt. Daraufhin be-
ginnt man mit dem Bau steinerner Häuser.

1293   Stralsund wird in den Hansebund aufgenommen, Stralsunder Kaufleute handeln von Nowgorod bis Flandern und beteiligen sich vor
allem am lukrativen Zwischenhandel mit russischen und skandina-
vischen Rohstoffen.

1325   Nach dem Tode Wizlaws III. fällt Stralsund in den Besitz der pommerschen Herzöge.

1370   Im »Frieden zu Stralsund« wird die dänische Vorherrschaft endgültig abgeschüttelt.

1524   Während der Reformation erkämpfen die Stralsunder Mitsprache-
rechte für die von den Bürgern gewählten »48 Männer« im Rat.

1648   Im Westfälischen Frieden fällt Stralsund an Schweden.

1711–
1715   Mehrere Kriege und Belagerungen sowie die durch Kriegstruppen
eingeschleppte Pest dezimieren die Stadtbevölkerung von 18.000
auf 10.000 Einwohner.

1720   Stralsund wird Landeshauptstadt von Schwedisch-Pommern.

1807   Die Franzosen erobern Stralsund und lassen die Festungswerke
schleifen. Die Stadt leidet sehr unter der Besatzungsmacht.

1809   Ferdinand von Schill besetzt Stralsund, wird aber von den Franzosen vertrieben und fällt am 31. Mai in der Fährstraße.

1815   Im Wiener Frieden wird Stralsund Preußen zugesprochen. Das bringt
einige wirtschaftliche Fortschritte, z.B. die Einführung des Manu-
fakturwesens.

1936   Der Bau des Rügendamms wird abgeschlossen.

1944   Ein Teil der Altstadt wird bei einem Bombenangriff zerstört.
Das Rathaus und die Kirchen bleiben erhalten, insgesamt werden
jedoch etwa 50 Kulturdenkmäler vernichtet.

1989   Das Bürgerkomitee »Rettet die Altstadt« unter Leitung von Prof.
Dr. Dr. Ewe wird gegründet und nimmt seine Arbeit auf.

se beiden Gebäude wurden vermutlich bereits im 13. Jahrhundert errichtet. Die prunkvolle Schaufassade, ein Vorbau, der die beiden Gebäude später miteinander verband, soll angeblich von dem Lösegeld bezahlt worden sein, das die unterlegenen Fürsten nach der Schlacht im Hainholz (1316) entrichten mußten. Man vermutet aber, daß der kunstvolle Vorbau erst um 1400 entstanden ist.

Sechs große Fenster sind auf den Alten Markt gerichtet und erinnern mit den Wappen von Hamburg, Lübeck, Wismar, Rostock, Stralsund und Greifswald an die glanzvolle Zeit des Hansebundes. Die säulengeschmückte Passage im Innenhof des Rathauses orientiert sich am Bau des Heilgeistklosters. Im 18. Jahrhundert wurde dem Stil der Zeit gemäß die geklinkerte Fassade verputzt. 1881/82 wurden vor den Putz wieder Klinkersteine gesetzt – somit ist die heutige Ansicht nicht die des Mittelalters. Eine Renaissancetreppe im nördlichen Durchgang (1579) führt zu den Verwaltungsräumen und dem Löwenschen Saal mit seinen kostbaren Gemälden.

Die Betrachtung des Marktes sollte jedoch nicht allein dem Rathaus gelten, sondern dem gesamten Architekturensemble, bestehend aus dem Rathaus, der hoch aufragenden Nikolaikirche und den angrenzenden Wohnhäusern der verschiedenen Stilepochen.

Der historische Stahlstich zeigt den Alten Markt

St. Nikolai ist die älteste der drei großen Pfarrkirchen Stralsunds, die 1276 erstmals urkundlich erwähnt wurde. Erbaut für das Patriziat der Stadt, ist sie prachtvoller und reicher ausgestattet als die beiden anderen Gotteshäuser. Um 1366 begannen die Stralsunder mit dem Bau der Hauptkirche, die ursprünglich bereits zweitürmig geplant war. Durch einen Brand im Jahre 1662 wurden die Turmhelme jedoch zerstört und konnten infolge der wirtschaftlichen Not nach dem Dreißigjährigen Krieg nicht wieder in alter Form errichtet werden. Der südliche Turm erhielt eine Barockhaube (1667), mit der er heute 103 Meter hoch ist, während der nördliche Turm nur mit einem Notdach abgedeckt wurde.

Betritt man das Innere des Gotteshauses, so überwältigt den Besucher die großzügige Gliederung der Backsteinbasilika in drei Schiffe, Langhauskapellen, Chorumgang und Kapellenkranz. Die Nikolaikirche war das Gotteshaus der reichen Kaufleute und Händler, der Seefahrer und Ratsherren. Das zeigt sich besonders in der Aufstellung und Gestaltung des jeweiligen Gestühls, mit dem jede dieser sozialen Gruppen die andere übertreffen wollte. Eine heitere Inschrift mit durchaus ernstem Hintergrund kann der aufmerksame Betrachter noch heute im Gestühl der Kramer finden: »Dat ken Kramer is, de blief da buten, oder ick schla em up de Schnuten!«

Von den ursprünglich 50 Altären finden wir heute noch den der Riemer und Beutler, der Schneider, der Bergenfahrer und den sogenannten Bürgermeisteraltar. Der kostbare gotische Hochaltar ist durch die Auslagerung im Krieg leider weitgehend zerstört worden und wird heute nach und nach mit Hilfe von Spenden der Freunde und Förderer von St. Nikolai ergänzt.

Zu den größten Kostbarkeiten der Kirche gehört die um 1290 entstandene Stuckplastik »Anna Selbdritt«. Die darin angebrachten kostbaren Reliquien wurden früher durch einen Wächter behütet, der jeweils auf Lebenszeit bei freier Beköstigung und Kleidung vor dem Kunstwerk zu sitzen hatte. Auch eine Astronomische Uhr (1394) hinter dem Altar zeugt vom Können der Meister des Mittelalters. Sie zeigt Zahlen in gotischen Minuskeln und farbige Darstellungen des Tierkreises mit seinen zwölf Sternbildern.

Im Zuge der in den letzten Jahren aufgenommenen Restaurierungsarbeiten wurde beschlossen, die alte Farbigkeit der Decken- und Wandgestaltung wiederherzustellen, und so erstrahlt die Kirche auch heute schon in feierlicher Schönheit. Das darf jedoch nicht darüber hinwegtäuschen, daß noch sehr viel Arbeit zu leisten ist, soll die Kirche einst in all ihrer Kostbarkeit neu erstrahlen.

Geht man die an der Ostseite der Nikolaikirche verlaufende Jakobiturmstraße in südlicher Richtung entlang, gelangt man zur **Jakobikirche,** unter den Kirchen Stralsunds wohl diejenige, der die wechselvolle Stadtgeschichte das schwerste Los beschieden hat: Belagerungen, Kriege und Brände führten über die Jahrhunderte zu schweren Schäden, bevor ein Luftangriff am 6. Oktober 1944 die Kirche so zerstörte, daß sie nicht mehr nutzbar war.

Seit der politischen »Wende« wird das Gebäude aufwendig restauriert und ist von Zeit zu Zeit auch wieder für die Öffentlichkeit zugänglich.

In Höhe der Jakobikirche zweigt von der Jakobiturmstraße die Böttcherstraße ab, die in westlicher Richtung am **Katharinenkloster** endet. Diese Anlage geht auf eine Gründung der Dominikanermönche aus dem Jahre 1251 zurück. Im Laufe der Jahrhunderte wurde das Katharinenkloster immer wieder baulich verändert und unterschiedlichen Nutzungszwecken angepaßt. So war es nach der Reformation Asyl für Brigittiner Nonnen, 1560 wurde ein Teil des Gebäudekomplexes Gymnasium, und 1919 zogen Waisenkinder hier ein. Erst 1924 begann man, das Gebäudeensemble konservatorisch zu erhalten und zu pflegen. Der prachtvolle Remter fand beispielsweise neue Beachtung und wurde wieder in seinen ursprünglichen Zustand versetzt.

Heute befinden sich im Katharinenkloster die Hauptmuseen von Stralsund. Das **Kulturhistorische Museum**, in das der Remter eingebunden ist, zeigt Ausstellungen aus der Stadtgeschichte, der Hansezeit und kulturgeschichtliche Kostbarkeiten. In die große Klosterkirche und einige Nebengebäude ist 1951 das Naturmuseum, das heutige **Meereskundliche Museum** eingezogen. Es gehört zweifellos zu den schönsten Ausstellungen dieser Art. In ungewöhnlicher, aber interessanter Weise hat man in das einstige Kirchenschiff Zwischengeschosse eingefügt, die nun den vielen Exponaten ausreichend Platz bieten. Der Chor blieb in alter Schönheit erhalten und bietet großen Meeressäugern Raum. Aquarien mit Meeresbewohnern der nordischen und südlichen Meere hinterlassen in ihrer Farbigkeit und Vielfalt einen unvergeßlichen Eindruck. Auch über die verschiedenen Formen der Küsten- und Hochseefischerei kann sich der Betrachter anhand von Modellen informieren. Im Klostervorhof steht ein Fischkutter, der zu den ersten gehörte, die nach dem Ende des Zweiten Weltkrieges unter Lebensgefahr in die stark verminte Ostsee zum Fischen ausfuhren, um für die notleidende Bevölkerung auf Fangreise zu gehen. Er hat seinen Ehrenplatz verdient.

Am westlich des Katharinenklosters verlaufenden Knieperwall sind vom Katharinenberg bis zur Fährstraße noch Reste der früheren Wehranlagen, die z.T. ausgezeichnet restauriert wurden, erhalten. Von den ursprünglich elf Stadttoren stehen heute nur noch das Kütertor (erwähnt 1281), das auf die Küter (Fleischerzunft) hinweist, sowie das Kniepertor (erwähnt 1293). Außerhalb des Kütertores befindet sich die inzwischen restaurierte »Wasserkunst«. Durch ein Pumpwerk förderte man das Wasser aus dem Knieperteich in ausgehöhlten Eichenstämmen durch die ganze Stadt als Trink- und Brauchwasser. Reste dieser Wasserleitung wurden bei Fundamentarbeiten entdeckt.

Südlich des Katharinenklosters erhebt sich in der Bürgerstadt über dem Neuen Markt das gewaltige Massiv der **Marienkirche**, die 1298 erstmals

Reste der mittelalterlichen Stadtmauer am Knieperwall

erwähnt wurde. Das Hauptschiff ist 100 Meter lang und 32 Meter hoch und gehört damit zu den größten Bauwerken der norddeutschen Backsteingotik. Das Kostbarste in dieser ungewöhnlich großen und reich ausgestatteten Kirche ist wohl die Stellwagen-Orgel, die in den Jahren 1653–1659 in der Werkstatt des berühmten Lübecker Meisters Friedrich Stellwagen, »Silbermann des Nordens«, gebaut wurde. Nach dem Krieg, in dem sie ausgelagert war, wurde sie restauriert und überrascht auch heute immer wieder die Kirchenbesucher bei großen öffentlichen Orgelkonzerten durch ihren meisterhaften Klang.

Südlich des Turmmassivs der Marienkirche befindet sich die **Apollonienkapelle**, ein unscheinbares Gebäude, das von Touristen häufig übersehen wird. Es dokumentiert ein Stück Stadtgeschichte, das vom Selbstbewußtsein und von der Wehrbereitschaft der Stralsunder zeugt. Kord Bonow, aus altem pommerschen Adelsgeschlecht stammend, war 1407 Archidiakon von Tribsees und erster Geistlicher an der Nikolaikirche in Stralsund. Durch eine allgemeine Teuerung verringerten sich auch die Spenden, die der Kirche zuflossen und damit auch die Einnahmen Bonows. Deshalb griff der Archidiakon kurzerhand zu den Waffen und erschien mit etwa 300 berittenen geistlichen und adligen Herren unerwartet vor den Mauern der Stadt. Die Bewaffneten wüteten unter Menschen und Vieh in grausamster

Weise, während die überraschten Bürger in ohnmächtigem Zorn hilflos zuschauen mußten. Als Kord Bonow als oberster Kirchenherr in voller Rüstung vor die Mauern ritt, um die Stralsunder zu verhöhnen, und die Geistlichen der Stadt sogar noch die Partei des Räubers ergriffen, brach sich der Zorn der Stralsunder Bahn. Sie schleppten drei Geistliche zu einem Scheiterhaufen auf dem Neuen Markt und verbrannten sie, während die anderen, die für Bonow Partei ergriffen hatten, aus der Stadt verwiesen wurden.

Die Kirche antwortete auf diese Gewalttat mit Bann und Interdikt. Nur durch den Bau der Apollonienkapelle und eine bedeutende Geldbuße für den »Pfaffenbrand am Sund« konnte sich die Stadt von diesem Bann loskaufen. Der Mann aber, der durch seine verbrecherische Tat das ganze Unheil heraufbeschworen hatte, Kord Bonow, ging straffrei aus und wurde 1412 sogar Administrator des Bistums Cammin.

Wer dann einen Spaziergang den Frankendamm entlang in Richtung Nordosten unternimmt, steht unvermittelt vor einem Tor, das in eine stille Welt führt. Es ist das **Heilgeisthospital** mit seiner kleinen turmlosen Kirche. Schon 1256 wurde das Hospital erwähnt. Es befand sich ursprünglich innerhalb der Stadtmauern zwischen Langen- und Heilgeiststraße und nahm im Auftrag der Stadt Arme und Sieche auf. Mehrfach wurde das Gebäude durch Kriegseinwirkungen schwer beschädigt, wovon auch die Inschrift am Giebeldreieck kündet:»Zur Ehre Gottes ist dieses Hauß so Anno 1628 von der Feinde Geschütz gantz verdorben wiederumb New erbawet Anno 1641.« Besonders auffällig ist die im 17. Jahrhundert entstandene, von Säulen getragene, hölzerne Galerie. Das Heilgeisthospital ist heute eine kleine abgeschlossene Welt für sich.

Wir beschließen unseren Stadtrundgang in der Nähe des Alten Marktes und besuchen abschließend das **Johanniskloster**, erbaut 1254. Die Mönche des unmittelbar an der Stadtgrenze errichteten Klosters waren auch für die Erhaltung der Stadtbefestigungen zuständig, soweit diese auf Klostergrund standen. Nach der Reformation (1525) wurde das Kloster als Unterkunft für alte Leute genutzt. Sehenswert sind der Rosengarten sowie die schönen Fachwerkbauten im Klosterhof. Das hohe Tor am Eingang zum Kloster unterstreicht den ernsten Eindruck der Anlage. Die Kirche des Klosters wurde ein Opfer der Bombennächte des Zweiten Weltkrieges. Sie dient heute, ausgestattet mit einer Nachbildung von Barlachs Pietà, in eindrucksvoller Weise als Gedenkstätte und als festlicher Rahmen für Freilichtkonzerte. In das Klostergebäude selbst zog 1964 das Stadtarchiv mit seinen reichen Beständen ein.

Während des gesamten Stadtrundgangs sollte man auf die sehr gut erhaltenen alten **Bürgerhäuser** achten. Man unterscheidet zwischen den Giebelhäusern und den Traufenhäusern. Giebelhäuser waren vorwiegend die Wohn- und Speichergebäude der Kaufleute. Während in den unteren Eta-

Blick über die Dächer von Stralsund auf die wuchtige Marienkirche

gen Wohn- und Kontorräume eingerichtet waren, dienten die oberen als Magazine für Waren, die zwischengelagert wurden. Ganz oben im Giebeldreieck finden wir sehr häufig eine runde Öffnung, durch welche der Kranbalken gesteckt wurde, um die Lasten außen emporzuziehen. Traufenhäuser stehen mit der Dachrinne zur Straße. Sie waren meist im Besitz von Handwerkern und deshalb weniger reich ausgestattet.

Besonders erwähnenswert ist das **Wulflamhaus** am Alten Markt, so genannt nach einem der berühmtesten Bürgermeister der Stadt, Bertram Wulflam. Er führte die Stadt zwar zu hoher Blüte, mußte aber wegen seiner diktatorischen Haltung 1390 die Stadt verlassen. Das Haus wurde mehrfach restauriert und beherbergt heute eine historische Gaststätte. Ebenfalls erwähnenswert ist die schwedische Stadtkommandantur (Am Alten Markt 14), damaliger Sitz des Festungskommandanten. Sie wurde 1747 erbaut und zeigt in ihrer Architektur schwedische Einflüsse. Eines der ältesten Gebäude Stralsunds ist der Kampische Hof (Mühlenstraße 23). Er war das Stadtquartier des Abtes des Zisterzienserklosters Neuenkamp (heute Franzburg). Später nutzte man die Gebäude als Getreidespeicher, Militärmagazin und Salzspeicher. Architektonisch interessant ist der Kampische Hof in erster Linie als gotisches Giebelhaus mit Spitzbogenfeldern im Untergeschoß.

Stralsund vermittelt dem Besucher das typische Bild einer alten, ehrwürdigen Hansestadt und ist in jedem Fall einen Ausflug wert.

165

Reiseinformationen von A–Z

Bei der Urlaubsplanung beraten:

Tourismusverband Rügen e.V., 18528 Bergen, Am Markt 4, Tel. 03838-80770, Fax 254440 (keine Zimmervermittlung); Internet: http://www.ruegen.de, e-mail: tourismusverband@ruegen.de

sowie die Informationsstellen:

Kurverwaltung Baabe, Fritz-Worm-Str. 1, 18586 **Baabe**, Tel. 038303-1420, Fax 14299

Touristen-Information Bergen, Benedixhaus, Am Markt 23, 18528 **Bergen**, Tel. 03838-256095, Fax 256096

Kurverwaltung Binz, Heinrich-Heine-Str. 7, 18609 **Binz**, Tel. 038393-30675, Fax 30676

Fremdenverkehrsverein Binz e.V., Paulstr. 2, 18609 **Binz**, Tel. 038393-2783, Fax 30717

Boy's Reisebegleitung & Tourist-Information, Proraer Chaussee 2, 18609 **Binz**, Tel. 038393-33789 und 32515, Fax 32114

Rügen-Info-Service-Binz, Dollahner Str. 17, 18609 **Binz**, Tel./Fax 038393-2302

Informationsamt Breege-Juliusruh, Wittower Str. 5, 18556 **Breege**, Tel./Fax 038391-311

Fremdenverkehrsamt Dranske, M.-Reichpietsch-Ring, 18556 **Dranske**, Tel. 038391-89007, Fax 89424

Wittow-Touristik- und -Reise GmbH, K.-Liebknecht-Str. 41, 18556 **Dranske**, Tel. 038391-8730, Fax 8127

Kurverwaltung Gager/Groß Zicker, Zum Hövt 15a, 18586 **Gager**, Tel./Fax 038308-8210

Fremdenverkehrsverein Nordwest-Rügen e.V., Haus Nr. 4, 18569 **Ganschvitz**, Tel. 038309-1328, Fax 20062

Touristische Information und Beratung Garz, Thälmannstr. 1, 18574 **Garz**, Tel. 038304-12107, Fax 86090

Fremdenverkehrsverein Gingst, Kapelle, 18569 **Gingst**, Tel. 038305-245, Fax 55352

Tourismusbüro Glowe, Hauptstr. 37, 18551 **Glowe**, Tel. 038302-5221, Fax 5252

Kurverwaltung Göhren, Poststr. 9, 18586 **Göhren**, Tel. 038308-66790, Fax 667932

Fremdenverkehrsverein Göhren, Im Kleinbahnhof, 18586 **Göhren**, Tel. 038308-25940, Fax 25930

Tourist-Information Lancken-Granitz, Dorfstr. 8, 18586 **Lancken-Granitz**, Tel./Fax 038303-87215

Kurverwaltung Middelhagen, Dorfstraße 4, 18586 **Middelhagen**, Tel. 038308-2153, Fax 2154

Putbus-Information, Markt 8, 18581 **Putbus**, Tel. 038301-431, Fax 292

Rügen-Besucher-Service Putbus, August-Bebel-Str. 1, 18581 **Putbus**, Tel. 038301-60513, Fax 61395

Tourismusgesellschaft mbH Kap Arkona, Am Parkplatz, 18556 **Putgarten**, Tel. 038391-4190, Fax 41917

Zimmervermittlung Meschkowski, E.-Thälmann-Str. 74, 18551 **Sagard**, Tel./Fax 038302-2513

Tourist-Service der Stadt Sassnitz, Rügen Galerie 27, 18546 **Sassnitz**, Tel. 038392-6490, Fax 64920

Kurverwaltung Sellin, Warmbadstr. 4, 18586 **Sellin**, Tel. 038303-1611, Fax 205

Touristinformation/Zimmer-vermittlung Haus Baltic, August-Bebel-Str. 5, 18586 **Sellin**, Tel. 038303-87305, Fax 86075

Kurverwaltung Thiessow, Hauptstr. 36, 18586 **Thiessow**, Tel. 038308-8280, Fax 30191

Ummanz-Information, Neue Straße
63, 18569 **Waase/Ummanz**,
Tel. 038305-8135, Fax 8136

Ärztenotdienst

Rettungsleitstelle, Tel. 03838-22307
Krankenhaus Bergen, Tel. 03838-390

Angeln

Berechtigungsscheine sind erhältlich
in den Außenstellen des Landesamtes
für Fischerei in Sassnitz, Lauterbach,
Breege und Stralsund und in den
Angelgeschäften in Binz, Sassnitz,
Gingst, Bergen und Altenkirchen. Bei
Vorausplanungen ist eine Bestellung
beim Landesamt für Fischerei, Justus
von Liebig-Weg 2, 18609 Rostock
(Tel. 0381-40518-0) möglich.
Sonderbestimmungen gelten für das
Biosphärengebiet und Nationalparke!
Meeresangeln von Sassnitz aus auf
umgerüsteten Fischkuttern unter der
Anleitung ehemaliger Hochseefischer!
Angelscheine sind erhältlich bei den
Kurverwaltungen und Infostellen oder
beim Landesamt für Fischerei, Sass-
nitz, Tel. 03892-35049

Auto und Verkehr

ADAC-Straßendienst Bergen, Tel.
    03838-8024-0 oder 0171-8147227
Deutsche Bahn AG Reiseauskunft, Tel.
    03834-19419
Flugplatz Güttin, Tel. 03806-1289
Funk-Taxi Rügen, Tel. 038392-32201
    oder 3030; 03838-252627
Rügensche Kleinbahn, Tel. 038301-
    8010
Rügener Personalverkehr (RPNV),
    Tel. 03838-19449

Besichtigungen

Rügen-Miniaturenpark (Modelle
    berühmter Bauwerke auf Rügen
    und weltweit), Gingst, Tel. 038305-
    539807

Buchhandlungen

Bergen, Insel-Buchhandlung, Bahn-
    hofstr. 8, Tel. 03838-22375
Breege, Buchhandlung, Dorf 94, Tel.
    038391-12952
Breege, Buchhandlung, Ring 4, Tel.
    038391-12650
Binz, Bücherinsel, Hauptstr. 24, Tel.
    038393-2036
Binz, Insel-Buchhandlung, Strandpro-
    menade 39, Tel. 038393-33895
Göhren, Mönchgut Buchhandlung,
    Poststr. 8, Tel. 038308-2197
Juliusruh, Wittow-Buchhandlung,
    Ringstr. 5, Tel. 038391-12650
Putbus, Inselbuchhandlung Putbus,
    Alleestr., Tel. 038301-61343
Sassnitz, Ostsee-Buchhandlung,
    Rügen-Galerie 21, Tel. 038392-
    23180
Sassnitz, Stubnitz-Buchhandlung,
    Hauptstr. 25, Tel. 038392-22309
Sellin, Selliner Bücherstube, Wilhelm-
    str. 21, Tel. 038303-721
Selliner Bücherstube, Tel. 038303-
    87721

Camping

Altefähr, Campingplatz, 18573
    Altefähr, Tel. 038306-75483, Fax
    75056
Baabe, Campingzentrum, 18586
    Baabe, Tel. 038303-87309, Fax
    14299
Breege-Juliusruh, Freizeit- und
    Erholungscamp »Am Wasser«,
    18556 Breege, Tel./Fax 038391-
    237
Dranske, Regenbogen Camp, 18556
    Dranske-Nonnevitz, Tel. 038391-
    89032, Fax 8765
Dranske, Caravancamp Ostseeblick,
    18556 Seestraße-Dranske,
    Tel./Fax 038391-8196
Gager, Campingplatz, 18586 Gager,
    Tel. 038308-30199, Fax 8210
Gager, Tel. 038308-8210

Gingst, Campingplatz Haidhof, 18569
Gingst, Tel. 038305-344
Göhren, Ostsee-Campingplatz, 18586
Göhren, Tel. 038308-2122,
Fax 2123
Göhren, Tel. 038308-90120,
Fax 038308-2123
Groß Banzelvitz, Campingplatz
Banzelvitzer Berge, 18528 Gr.
Banzelvitz, Tel. 04365-7244,
Fax 8464
Lobbe, Freizeitoase Rügen, 18586
Lobbe, Tel. 038308-2314, Fax
25127
Lohme, Waldcampingplatz Nipmerow,
18551 Lohme, Tel. 038302-9244
Nipmerow, Waldcampingplatz und
Naturcamping im Nationalpark,
Tel. 038302-9244, Fax 53220
Nonnevitz, Luigi's Caravan, 18556
Nonnevitz, Tel./Fax 038391-89488
Polchow, Campingoase »Bodden-
blick«, 18551 Polchow, Tel./Fax
038302-53220
Prora, Caravan & Mobil-Camp, 18609
Prora, Tel 038393-2085, Fax 32624
Schaprode, Campingplatz »Am
Schaproder Bodden«, 18569
Schaprode, Tel./Fax 038309-1234
Suhrendorf, Ostseecamp, 18569
Suhrendorf, Tel. 038305-82234,
Fax 8165
Thiessow, Camping-Oase, 18586
Thiessow, Tel. 038308-8226,
Fax 8297
Zudar, Campingplatz Pritzwald, 18574
Zudar, Tel./Fax 038304-758

Fahrradvermietungen

Das Radwegenetz auf Rügen erstreckt
sich über ca. 500 km. In den meisten
Orten sind Fahrräder zu mieten. Bitte
im Ortskatalog nachsehen. Gegenwärtig gibt es auf Rügen 150 km ausge-
baute Radwege.

Festspiele

Störtebeker-Festspiele, Am Bodden
100, 18528 Ralswiek, Tel. 03838-
3110-0, Fax 313192
Der Rügener Veranstaltungskalender
ist auch im Internet abrufbar unter:
http://www.wild-east.de/veranstal-
tungen; weitere Informationen finden
Sie unter
http://www.ruegen-kultur.de

FKK-Strände

gibt es in
Altefähr (Rügendamm, Gelbes Ufer),
Baabe, Binz, Bug/Dranske, Göhren,
Grabow/Zudar, Neuendorf/Hiddensee,
Vitte/Hiddensee, Kloster/Hiddensee,
Lobbe, Prora/Binz, Schaabe und
Sellin.

Flughafen

Ostsee-Flug-Rügen GmbH: Rund-,
Foto-, Geschäftsreise- und Zu-
bringerflüge (Berlin–Tempelhof–
Hamburg), Flugschule und
Mietwagenverleih, 18573 Güttin,
Tel./Fax 038306-1289

Gastronomie (Auswahl)

Baabe, Hotel am See, Seestr. 25, Tel.
038303-1370
Binz, Restaurant Orangerie Granitz,
Wylichstr. 6, Tel. 038393-377301
Glowe, Gathaus/Pension zur Schaabe,
Hauptstr., Tel. 038302-53023
Glowe, Hotel Meeresblick, Hauptstr.
128, Tel. 038302-53050
Göhren, Travel Charme Hotel
Nordperd, Nordperdstr. 11, Tel.
038308-70
Haide/Ummanz, Pension Haidehof,
Haide 15, Tel. 038305-55360
Lieschow, Landgasthof Kiebitzort,
Nr. 24, Tel. 038305-55166
Lohme, Panorama Hotel-Restaurant
Lohme, Dorfstr. 35, Tel. 038302-
9221

Poseritz, Gasthof & Hotel Lindenkrug, Lindenstr. 27/28, Tel. 038307-251

Sassnitz, Gastmahl des Meeres, Strandpromenade 2, Tel. 038392-5170

Sassnitz, Ringhotel Villa Aegir, Mittelstr. 5, Tel. 038392-3020

Schaprode, Zur Alten Schmiede, Poggenhof 25, Tel. 038309-2100

Sellin, Cliff-Hotel Rügen, Siedlung am Wald 22, Tel. 038303-80

Sellin, Selliner Kleinbahnhof, An der B196, Tel. 038303-87971

Sellin, Villa Subklew, Warmbadstr. 1, Tel. 038303-85987

Thiessow, Mönchguter Fischerklause, Hauptstr. 48, Tel. 038308-30397

Ummanz, Pension Zum Kranich, Tankow, Tel. 038305-8170

Vitte/Hiddensee, Restaurant und Café Inselreif, Suederende 9, Tel. 038300-263

Vitte/Hiddensee, Speisegaststätte Boddenschenke, Sprenge 50, Tel. 038300-284

Golf

Binz, Minigolfanlage im IFA-Ferienpark, Vitarium

Göhren, Minigolfanlage Nordstrand

Karnitz, Golfclub Rügen Schloß Karnitz e.V., Tel. 0172-3814076

Lancken Wittow, Übungsplatz des Golf und Landclub Wittow auf Rügen e.V.

Go-Kart-Bahn

Bergen, Buggy und Go-Cart-Bahn am Rugard

Prora, Buggy Fahrtrainingsplatz, Prora-Ausgang Richtung Sassnitz

Hotels (Auswahl)

Baabe, Hotel »Solthus am See«, Bollwerkstr. 1, 18586 Baabe, Tel. 038303-87160, Fax 871699

Baabe, »Strandhotel«, Strandstr. 24-28, 18586 Baabe, Tel. 038303-150, Fax 15150

Baabe, Hotel »Villa Granitz«, Birkenallee 17, 18586 Baabe, Tel. 038303-1410, Fax 14144

Bergen, Romantik-Hotel »Kaufmannshof«, Bahnhofstr. 6-8, Tel. 03838-80450, Fax 804545

Bergen, Treff-Hotel Rügen, Stralsunder Chaussee 1, Tel. 03838-8150, Fax 815500

Binz, »Arkona Strandhotel und Rugard Strandhotel«, Strandpromenade 59 + 62, 18609 Binz, Reservierungen für beide Hotels Tel. 038393-550

Binz, Hotel »Deutsche Flagge«, Schillerstr. 9, 18069 Binz, Tel. 038393-460, Fax 46299

Binz, Hotel »Am Meer«, Strandpromenade 34, 18609 Binz, Tel. 038393-440, Fax 44444

Binz, »IFA Ferienpark Rügen«, Strandpromenade 74, 18609 Binz, Tel. 038393-91102, Fax 92030

Binz, Seehotel Binz-Therme Rügen, Strandpromenade 76, 18609 Binz, Tel. 038393-60, Fax 61500

Binz, »Strandhotel Lissek«, Strandpromenade 33, 18609 Binz, Tel. 038393-381-0, Fax 381430

Binz, Hotel »Vier Jahreszeiten«, Zeppelinstr. 8, 18609 Binz, Tel. 038393-500, Fax 50430

Gingst, »Hotel RügenPark«, Mühlenstr. 33, 18569 Gingst, Tel. 038305-500, Fax 50190

Glowe, »Bel Air Strandhotel«, Waldsiedlung 130a, 18551 Glowe, Tel. 038302-7470, Fax 747120

Göhren, »Akzent-Waldhotel«, Waldstr. 7, 18586 Göhren, Tel. 038308-50500, Fax 25380

Göhren, »Inselhotel Rügen«, Wilhelmstr. 6, 18586 Göhren, Tel. 038308-5550, Fax 55555

Göhren, Hotel »Stranddistel«, Katharinenstr. 9, 18586 Göhren, Tel. 038308-5450, Fax 54555

Göhren, Travel Charme Hotel »Nordperd«, Nordperdstr. 11, 18586 Göhren, Tel. 038308-70, Fax 7160

Gaststätte »Aalkaten« in Hagen

Groß-Zicker, Landhotel »Bodden-
blick«, Boddenstr. 16, 18586 Groß-
Zicker, Tel. 038308-8254, Fax
340034

Juliusruh, »Aquamaris« Strand-
residenz Rügen, Wittower Str. 4,
18556 Juliusruh, Tel. 038391-
44405, Fax 44141

Juliusruh, Atrium »Hotel am Meer«,
Am Waldwinkel 2-3, 18556
Juliusruh, Tel. 038391-4030, Fax
40341

Lancken-Granitz, Hotel-Pension
»Jägerhof«, Dorfstr. 37, 18586
Lancken-Granitz, Tel./Fax 038303-
87409

Lobbe, »Aparthotel Eldena«, Göhrener
Weg 40, 18586 Lobbe, Tel.
038308-500, Fax 2232

Lohme, Silence-Panoramahotel
»Lohme«, Dorfstr. 35, 18551
Lohme, Tel. 038302-9110, Fax
9234

Middelhagen, Hotel »Zur Linde«,
Dorfstr. 20, 18586 Middelhagen,
Tel. 038308-5540, Fax 55490

Putbus-Wreechen, Ringhotel »Wreecher Hof«, Kastanienallee, 18581
Putbus-Wreechen, Tel. 038301-
850, Fax 85100

Sagard, Steigenberger MAXX Resort,
Neddesitz, 18551 Sagard, Tel.
038302-95, Fax 96620

Sassnitz, Kurhotel »Sassnitz«,
Hauptstr. 1, 18546 Sassnitz, Tel.
038392-530, Fax 53333

Sassnitz, Rügen-Hotel, Seestr.1, 18546
Sassnitz, Tel. 038392-53100,
Fax 53550

Sassnitz, Ringhotel »Villa Aegir«,
Mittelstr. 5, 18546 Sassnitz, Tel.
038392-3020, Fax 33046

Schaprode, Hotel »Zur Alten Schmie-
de«, Poggenhof 25, 18569
Schaprode,
Tel. 038309-2100, Fax 21043

Sellin, »Cliff-Hotel Rügen«, Siedlung
am Wald, 18586 Sellin, Tel. 0800-
2543346, Fax 8490

Sellin, »Haus Sellin«, Wilhelmstr. 9,
18586 Sellin, Tel. 038303-153,
Fax 15599

Sellin, Hotel »Villa Subklew«,
Warmbadstr. 1, 18586 Sellin,
Tel. 038303-85987, Fax 87342
Sellin, »Hotel Xenia«, Wilhelmstr. 26,
18586 Sellin, Tel. 038303-87374,
Fax 87552
Spyker, Schloßhotel »Spyker«,
Schloßallee 1, 18551 Spyker, Tel.
038302-770, Fax 53386
Trent, Radisson SAS, Hotel Rügen,
An der Wittower Fähre, Vaschvitz
17, 18569 Trent, Tel. 038309-220,
Fax 22599
Wiek, Landhotel »Herrenhaus
Bohlendorf«, Bohlendorf 6, 18556
Wiek, Tel. 038391-770, Fax 70280

Kinos

gibt es in Bergen, Binz und Göhren;
dazu in den Sommermonaten ein
Zeltkino in Baabe/Campingplatz

Kunst

Bergen, Galerie im Kulturhaus, Am
Markt 14, Tel. 03838-22171
Bergen, Rügener Kunstverein, Am
Markt 14, Tel. 03838-254633
Bergen, Galerie Schmidt, Bahnhofstr.
8, Tel. 03838-24135
Prora, KulturKunstStatt, Südstrandstr.
TH 2-3, Tel. 038393-32696
Putbus, Orangerie, Tel. 038301-413
Putgarten, Atelier Am Kap, Tel.
038391-4190

Museen

Bergen, Ernst-Moritz-Arndt-Turm,
Rugard, Tel. 03838-811206
Bergen, Stadtmuseum im Klosterhof,
Billrothstr. 20, Tel. 03838-252226
Binz, Binzmuseum, Zeppelinstr. 8,
18609 Binz, Tel. 038393-14561
Binz, Deutsches Fälschermuseum,
Margaretenstr. 20, 19609 Binz, Tel.
038393-13148
Binz, Jagdschloß Granitz, Lancken-
Granitz, Tel. 038393-2263

Gingst, Historische Handwerkerstu-
ben, K.-Marx-Str. 19/20,
Tel. 038305-304
Göhren, Mönchguter Museen, Strand-
str., Tel. 038308-2175
Groß Zicker, Pfarrwitwenhaus,
Boddenstr., Tel. 038308-8248
Prora, Eisenbahn- und Technik-
museum, Tel. 038393-2366
Putbus, Puppen- und Spielzeug-
museum, im Affenhaus (Park),
Tel. 038301-60959
Putgarten, Museumsanlage Flächen-
denkmal Kap Arkona,
Tel. 038391-12115
Sagard, Boxmuseum, Marlow,
Tel. 038302-3458
Sassnitz, Fischerei- und Hafen-
museum, im Stadthafen, Tel.
038392-57846
Zirkow, Museumshof, Tel. 038393-
32824

Reedereien der
Fahrgastschiffahrt

Baabe, Masuch Touristik Reederei,
Tel. 0171-3132932
Breege, Personenschiffahrt R. Kipp,
Tel. 038391-12306
Breege, Breger Fähr- und Ausflugs-
schiffahrten, Manfraß, Tel. 038391-
12274
Gager, Boddenreederei Gutowski,
Tel. 038308-8389
Lauterbach, Fahrgastreederei Lenz &
Co., Tel. 038301-61896
Sassnitz, Bornholm Ferries,
Tel. 038392-35226
Sassnitz, Flying Adler Line Weiße
Flotte GmbH, Tel. 038392-57854
Sassnitz, KTD Kalinin Touristik
GmbH, Tel. 038392-32180
Sassnitz, MS Potsdam, Charter
Unternehmen, Tel. 038392-35110
Sassnitz, Reederei Lojewski,
Tel. 038392-22563
Sassnitz, Reederei Ostsee-Tour,
Tel. 038392-3150
Sassnitz, Scandlines Deutschland
GmbH, Tel. 038392-64110

Das neue Erlebnisbad im IFA Ferienpark in Binz

Schaprode, Reederei Hiddensee
GmbH, Tel. 038309-2110
Vitte, Reederei Hiddensee GmbH,
Tel. 038300-50169

Rügendamm

Für den Verkehr gesperrt:
2.30-2.50 Uhr
5.20-5.40 Uhr
9.20-9.40 Uhr
17.20-17.40 Uhr
21.30-21.50 Uhr

Schwimmhallen

Baabe, »Hotel Soltus am See«, Tel.
038303-87160
Binz, »IFA-Ferienpark«, Tel. 038393-
90; Seehotel »Binz-Therme
Rügen«, Tel. 60, »Schwedischer
Hof«,
Tel. 2549
Breege, »Kapitänshäuser Breege«,
Tel. 038391-420
Göhren, »Hotel Hanseatic«,
Tel. 038308-515

Juliusruh, »Aquamaris« Strand-
residenz Rügen, Tel. 038391-440
Neddesitz, »Steigenberger MAXX
Resort«, Tel. 038302-95
Samtens, »Tiet un Wiel« Sport und
Freizeitzentrum, Tel. 038306-2220
Sassnitz, Rügentherme im »Rügen-
Hotel«, Tel. 038392-53100
Sellin, »Cliff-Hotel Rügen«,
Tel. 038303-80, »Nemo-Wasser-
welt«, Tel. 1230
Thiessow, Ferienpark »Jaromar«,
Tel. 038308-345
Trent, »Radisson SAS Resort« Rügen,
Tel. 038309-220 (auf Anfrage)
Wreechen bei Putbus, Ringhotel
»Wreecher Hof«, Tel. 038301-850

Segeln & Segelschulen

Altefähr, Kat-Segelschule »Wasser &
Wind«, Tel. 038306-75428
Baabe, Surf- & Segelschule Baabe,
Tel. 0172-9497326
Bergen, Segelschule »Reichel &
Partner«, Tel. 03838-253764

Breege, Segelschule »Mola«,
Tel. 038391-4320
Lauterbach, Segelschule »Rücken-
wind«, Tel. 038301-80940
Poseritz, »Windjammer Reederei«
Rügen, Tel. 038307-226
Ralswiek, Wassersportcenter,
Tel. 03838-313247
Sassnitz, Segel- und Yachtcharter
»Mola«, Tel. 038392-32030
Sellin, »Seekajakreisen«, Tel. 038308-
25104
Sellin, Surf- und Segelschule, Tel.
0172-2106394

Strände

Badestrände findet man in Altefähr,
Alt Reddevitz, Baabe, Bakenberg,
Banzelvitz, Binz, Bug/Dranske,
Gager, Göhren, Grabow/Zudar,
Hiddensee, Lietzow, Lobbe,
Lohme, Neuendorf, Neuhof, Prora,
Putgarten, Sassnitz/Mukran,
Schaabe, Schaprode, Sellin,
Suhrendorf/Ummanz und
Thiessow.

Surfen

Baabe, Surf- & Segelschule, Tel.
0172-9497326
Dranske, Uni Surf Team Rügen, Surf
& Rad, Tel. 038391-89898
Sellin, Surf- & Segelschule Tel. 0172-
2106394
Suhrendorf, Surfschule Suhrendorf,
Tel. 038305-82240
Thiessow, Surfschule Mönchgut,
Tel. 038308-30360
Wiek, Nessi-Wassersportcentrum,
Tel. 038391-70711 oder 12124

Tauchen

Altenkirchen, Taucherbasis Goor,
Tel. 038391-12922
Binz, Tauchclub Binz, Tel. 038393-
30749
Dänholm, Stralsund, Taucherbasis
OHG, Tel. 03831-297090

Lauterbach, Tauchclub Rügen, Tel.
0171-4704770
Lobbe, Freizeit-Oase Rügen,
Tel. 038308-2314
Prora, Tauch- und Erholungscenter,
Tel. 038393-32698
Putgarden, Tauchbasis Arkona,
Tel. 038391-12922
Sassnitz, Tauchschule Berlin,
Tel. 038392-36100
Vitte/Hiddensee, Tauchservice
Hiddensee, Tel. 0172-5993257

Tennisplätze

Bergen, Stedaer Weg
Binz, Klünderberg
Göhren, Kurpark
Juliusruh, »Aquamaris«
Neddesitz, »Steigenberger Maxx«
Samtens, »Tiet un Wiel«
Sellin, Warmbadstraße

Reiten/Kutschfahrten

Altensien, Reit- und Pferdehof
Saathoff, Tel. 038303-607
Altkamp, Pferdehof Prehl, Tel.
038301-61730
Alt Reddevitz, Reiterhof Pisch,
Tel. 038308-2370
Bergen, RV Reitschule Bergen,
Tel. 03838-23477
Bergen, Reiterhof Rosengart
Breege, Reit-und Fahrtouristik
Dettmer, Tel. 038391-12130
Dalkvitz, Reiterhof Ginas Pferdestär-
ken, Tel. 038393-32641
Neddesitz, Reit- und Pferdezucht-
verein Peuß, Tel. O38302-2688
Neusüllitz, Kutsch- und Kremser-
fahrten, Tel. 038393-2753
Neuensien, Pferdefarm Ost-Rügen,
Tel. 038393-32268
Poseritz, Reiterhof Groß Stubben,
Tel. 038307-362
Putgarten, Fahrtouristik Deskau,
Tel. 038391-12694
Putgarten, Kutschfahrten, Tel. 038391-
4190

Rappin, Reiterhof Rappin, Tel. 03838-31242

Schwarbe, Reit- und Fahrverein Kap Arkona e.V., Tel. 038391-12169

Sellin, Pferdefarm Seedorf, Tel. 038303-86947

Starrvitz, Reiterhof Pätzold, Tel. 038391-8233

Suhrendorf, Ostseecamp, Tel. 038305-62234

Ummanz, Gut Ummanz GmbH, Tel. 038305-8139

Zirkow, Reit- und Fahrverein, Tel. 038393-2461

Zubzow, Reiterhof Wiktor, Tel. 038309-1357

Yacht- & Sportboothäfen

Altefähr, Tel. 038306-75424
Baabe, Tel. 038303-86410
Breege, Tel. 038391-579
Gager, Tel. 038308-8210
Glewitz(er)Fähre, Tel. 038304-745
Glowe, Tel. 038302-53445
Gustow, Tel. 038307-881
Lauterbach, Tel. 038301-8090
Lohme, Tel. 038302-90909
Neuendorf/Hiddensee, Tel. 038300-50378
Puddemin, Tel. 038304-84432
Ralswiek, 03838-313553
Sagard/Martinshafen, Tel. 038302-3141
Sassnitz, Tel. 038392-6900
Schaprode, Tel. 038309-28010
Seedorf, Tel. 0170-5769694
Sellin, Tel. 038303-86830
Vitte/Hiddensee, Tel. 038300-50107
Waase/Ummanz, Tel. 038305-8159
Wittow(er)Fähre, Tel. 038309-1209

Zimmervermittlung

Auf Rügen stehen zahlreiche Hotels, Pensionen, Ferienhäuser und Privatzimmer zur Verfügung. Bei der Vermittlung sind die oben angeführten Informationsstellen gern behilflich. Das Gastgeber-verzeichnis kann angefordert werden beim Tourismusverband Rügen e.V., Am Markt 4, 18528 Bergen, Tel. 03838-80770, Fax 254440

Verbund Rügener Zimmervermittlun-gen (Sassnitz, Binz, Sellin, Putbus, Göhren), Hotline 0180-5334433

Hiddensee

PLZ für die gesamte Insel: 18565
Vorwahl für die gesamte Insel: 038300
Notrufe:
Dr. med. Kallius, Vitte Süderende 57,
Tel. 287
Feuerwehr: Kloster, Tel. 404, Neuen-
dorf, Tel. 406, Vitte, Tel. 386
Polizei: Vitte, 64231

Bei der Urlaubsplanung berät:

Insel Information Hiddensee, Norderende 162, Vitte, Tel. 642-26/27/28,
Fax 64225; Internet: http://
www.seebad-insel-hiddensee.de

Angeln

ist in den Küstengewässern erlaubt.
Bei Vorlage eines gültigen Fischerei-
scheins sind Angelberechtigungen in
der Insel Information erhältlich.

Buchhandlungen

Kloster, Inselbuchhandlung, Kirchweg
19, Tel. 465
Vitte, Die Koralle, Norderende 202,
Tel./Fax 218

Camping

ist auf der gesamten Insel nicht gestattet.

Fahrgastschiffahrt

Wassertaxis der Reederei Hiddensee:
»Pirat«, Tel. 0171-7457713
»Störtebeker«, Tel. 0171-7457710
»Anna Maria«, Tel. 0171-6428021
Vitte, Reederei Hiddensee GmbH,
Achtern Diek 4, Tel. 50169, Fax
50170

Fahrradverleih

»Die 3« auf Hiddensee in Kloster,
Babara Pehl, Hafenweg 4, Tel. 437,
in Vitte, Christian Kula, Süderende
6, Tel./Fax 472 und in Neuendorf,
Elisabeth Leschner, Schaulbarg 7,
Tel./Fax 477
Vitte, Fahhrad Müller, Süderende 41,
Tel./Fax 464

Häfen

Kommunalhafen Kloster, 64263
Kommunalhafen Neuendorf, Anlegen
auf Land, 64263
Kommunalhafen Vitte, 64263
Yachthafen Vitte, 50107

Hotels/Pensionen

Kloster, Hotel »Hitthim«, Hafenweg 8,
Tel. 6660, Fax 66618
Kloster, Pension »Inselidyll«,
Siedlung 23, Tel. 234 oder 50163,
Fax 68013
Kloster, Pension »Zum Klausner«,
Dornbusch, Tel. 6610, Fax 50136
Kloster, Pension »Wieseneck«,
Kirchweg 18, Tel. 316 oder 68023,
Fax 68024
Neuendorf, Pension »Windflüchter«,
Pluderbarg 1, Tel. 364, Fax 365
Neuendorf, »Zur Boje«, Königsbarg
18, Tel. 6520
Vitte, Hotel »Heiderose«, In den
Dünen 127, Tel. 630, Fax 63124
Vitte, Hotel »Godewind«, Süderende
53, Tel. 6600, Fax 660222
Vitte, Pension »Seeblick «, Süderende
42, Tel. 384 oder 50158, Fax 224
Vitte, Hotel »Post Hiddensee«,
Wiesenweg 26, Tel. 6430, Fax
64333

Kunst

Kloster, Galerie am Torbogen, Weißer
Weg, Kloster

Museen

Kloster, Heimatmuseum, Kirchweg 1,
Tel. 363
Kloster, Gerhart-Hauptmann-Haus,
Kirchweg 13, Tel./Fax 397
Dornbusch, Hiddenseer Leuchtturm

Reitsport/Kutschfahrten

Kloster, Fuhrmannshof Neubauer,
Hafenweg 10, Tel. 487
Kloster, Fuhrunternehmen Willi Berg,
Am Riedsoll 24, Tel./Fax 50155
Neuendorf, Fuhrgeschäft Birgit Mach,
Dörpstraat 23, Tel./Fax 50196

Zimmervermittlung

Auf der Insel Hiddensee stehen
zahlreiche Hotels, Pensionen,
Ferienhäuser und Privatzimmer zur
Verfügung. Bei der Vermittlung ist die
Insel Information Hiddensee, Norderende 162, 18565 Vitte, Tel. 038300-
642-26/27/28, Fax 64225, gern
behilflich. Dort kann auch das
Gastgeberverzeichnis angefordert
werden.

Index